YO,
EGO

MARÍA DE MONDO

YO, EGO

Una guía para dejar de sufrir,
conectar contigo mismo y alcanzar la paz mental

HarperCollins

Editado por HarperCollins Ibérica, S. A.
Avenida de Burgos, 8B - Planta 18
28036 Madrid

Yo, Ego. Una guía para dejar de sufrir, conectar contigo mismo y alcanzar la paz mental
© 2022, María de Mondo
© 2022, para esta edición HarperCollins Ibérica, S. A.

Diseño de cubierta: Rudesindo de la Fuente – DiseñoGráfico
Ilustración de cubierta: Jesús Sanz
Diseño de portadillas de interior: Raquel Cañas
Foto de solapa: Facilitada por la autora
Maquetación: Safekat

ISBN: 978-84-9139-773-1
Depósito legal: M-12526-2022

A Casilda y Vera,
por enseñarme el amor más puro
e incondicional que jamás podría
haberme imaginado.

ÍNDICE

PARTE III:
TUS 6 PUNTOS DE DOLOR

PARTE IV:
TU PAZ INTERIOR

PARTE V:
EL CAMINO DE VUELTA

Introducción

Desde que tengo uso de razón, he sido muy curiosa. Siempre me he hecho muchas preguntas sobre las personas y el sentido de la vida, y siempre me he encontrado con más preguntas que respuestas.

Recuerdo un día, cuando tenía 7 años, en que iba en el coche con mis padres y quise resolver mis dudas existenciales. ¿De dónde venimos? ¿Quién creó el mundo? ¿Y quién creó a quien ha creado el mundo? ¿Dónde está el inicio del todo? Mis padres no tenían respuesta, y yo me estaba metiendo en uno de mis típicos bucles mentales sin salida. En ese momento me preocupé mucho: ¿cómo podían vivir tan tranquilos los adultos sin saber algo tan importante?

Con el tiempo acabé aceptando que hay cosas que no tienen respuesta, o por lo menos no una respuesta consensuada, pero me volví muy insistente con aquello que yo creía que podía tener una respuesta.

A los 24 años tuve una crisis existencial. Todo mi mundo se vino abajo porque me di cuenta de que no era feliz y de que sufría más de lo que me gustaría. Fue en ese momento cuando todas mis metas y expectativas sobre la vida cambiaron hacia un solo objetivo: QUIERO ser feliz.

Pero ¿qué era exactamente para mí la felicidad? Tras darle muchas vueltas a la cabeza, llegué a la conclusión de que era sentirme en paz conmigo misma y con mi vida.

Así que empecé un camino de autoconocimiento y crecimiento personal, porque no tenía ni la más mínima intención de seguir viviendo una vida mediocre. Desde entonces no he dejado de estudiar, de leer, de ponerme a prueba, de analizarme y de arriesgarme..., ¡y solo acabo de empezar! Creo que tengo suerte de tomármelo como un juego, si no me volvería loca.

Tras varios años de análisis, experimentación y trabajo llegué a la conclusión de que el motivo de mi infelicidad era que estaba completamente desconectada de mi verdadero ser. No sabía quién era, ni qué me gustaba, ni qué me daba paz (o qué me la quitaba). Había estado viviendo en automático, sin pararme a reflexionar sobre mi vida o sobre mí misma. Había seguido los patrones sociales establecidos y nunca me había cuestionado casi nada. No había elegido mis objetivos desde la libertad, sino desde lo que me habían contado que era lo mejor. Tenía un montón de creencias y juicios que nunca puse en duda, pero que defendía a capa y espada como si me fuera la vida en ello.

En este camino me formé como *coach* y actualmente me dedico a ello. Gracias a mi trabajo he podido tratar con muchísimas personas de las que he aprendido un montón. Normalmente, cuando alguien pide ayuda es porque está sufriendo por algo, así que he comprobado que detrás del noventa por ciento de todo el dolor de mis clientes y del mío propio se esconde un sigiloso compañero: el ego.

El objetivo de este libro es compartir contigo todo lo que he aprendido y descubierto sobre la felicidad, la paz mental y el ego a través de mi experiencia personal y la de algunos de mis clientes.

La aparición del ego en mi vida

Recuerdo perfectamente el segundo día de mi formación como *coach* porque aprendí una palabra que iba a cambiar mi vida para siempre: *Egoless.* ¿Qué es eso de *egoless*? ¿Y por qué es tan importante para ser *coach*?

Podríamos decir que *egoless* significa «ausencia de ego», y es fundamental para estar libre de juicios ante el cliente cuando estamos en plena sesión. *Egoless* sería no juzgar ni interpretar aquello que el cliente nos cuenta para poder hacer un acompañamiento limpio y puro sin que entre en juego nuestra opinión personal, fundamentada en nuestras propias creencias y experiencias de vida. Es decir, se entiende la ausencia de ego como la ausencia de juicios sobre la situación personal del cliente. Así podríamos definirla en la práctica del *coaching*, pero el ego es un concepto mucho más amplio y complejo del que no tenemos apenas información.

Yo tenía mi propia concepción del ego (bastante pobre, por cierto), y el primer pensamiento que me vino a la mente mientras intentaba entender qué era exactamente y para qué era tan importante, fue: «Bueno, pues esto del *coaching* no es para mí porque tengo un ego que no quepo por la puerta y además me gusta ser así». Lógicamente, no estaba entendiendo nada. Siempre había sido muy orgullosa, tremendamente cabezota y luchadora por tener razón, y además me creía «mejor que los demás». Estaba muy contenta con mi ego porque gracias a él creía conseguir todo aquello que me proponía, no me dejaba pisotear por otras personas y me hacía fuerte frente a las dificultades. Eso era lo que yo creía que era el ego y de qué forma me ayudaba, por lo que no estaba dispuesta a renunciar a esa parte de mí.

Recuerdo comentarlo con una compañera con la que tuve muy buena relación desde el principio, porque también era «compañera de ego» (nuestros egos eran muy parecidos), y no nos acabábamos de creer eso de la importancia de su ausencia. Estábamos encantadas con nosotras mismas y con nuestros egos. A día de hoy, después de cinco años, mi amiga y yo hemos tenido muchísimas conversaciones sobre el ego, y para mí ha sido el tema crucial en mi propio desarrollo personal.

Sí, eso era ego, pero una parte muy muy muy pequeña y particular de lo que es en realidad. Ese es el ego prepotente, exigente, el de losególatras. Pero es mucho más que eso. No es ser una persona soberbia y creerte mejor que los demás.

> El ego es tu «falso yo», el causante
> de tu sufrimiento y el principal obstáculo
> para tu paz interior.

Mi ego era así, pero el tuyo puede ser completamente diferente e incluso opuesto.

Como quería ser una buena profesional, centré toda mi atención en estudiar el ego para así entenderlo y poder trascenderlo. Poder trascenderlo y ser la mejor, claro, que era lo que mi ego quería. Al principio no me parecía muy buena idea y no estaba del todo convencida de que quisiera hacerlo, ya que era un fiel compañero y creía que me había ayudado mucho, pero lo que sí que tenía claro era que si mis profesores decían que era la base fundamental, al menos tenía que intentarlo y comprobarlo por mí misma para ser mi mejor versión. Por suerte me quedaba algo de humildad para admitir que no tenía ni idea, que eran unos profesionales maravillosos y que si ellos lo creían así, era porque así era, aunque todavía no lograra entenderlo.

Me ha llevado unos cinco años entender por fin al ego. Entenderlo, reconocerlo, aceptarlo y abrazarlo para poder así ser libre, ser yo misma y estar en paz. Porque una vez que consigues identificarlo y no dejar que tome el control de tu mente, de tus decisiones y de tus acciones, tu vida da un giro de ciento ochenta grados, ¡y vaya giro!

Si tuviera que decir qué me han enseñado el ego y el trabajo personal que he hecho con él, diría que estar en paz conmigo misma y con mi vida.

Tengo la sospecha de que el ego va a ser mi compañero de vida, sigo trabajando en él y creo que lo haré siempre. Hay veces que se hace con el control de la situación, pero también me enseña y aprendo mucho de él.

A día de hoy puedo decir que lo reconozco el noventa por ciento de las veces que aparece, como cuando discuto con mi pareja o juzgo si está bien o mal, o es mejor o peor, lo que hacen otras personas, y que todavía un veinte por ciento de las veces en que lo reconozco me dejo llevar por él, aun siendo consciente de que es mi ego el que está presente y no yo.

No me cabe la menor duda de que mi ego ha sido el causante de gran parte de mi sufrimiento a lo largo de toda mi vida, y probablemente a ti te pase o te haya pasado lo mismo. Es algo que trabajo mucho con mis clientes, ya que detrás del ego están nuestras inseguridades, la importancia que le damos a la opinión de los demás, cómo nos influyen las relaciones, nuestros límites y nuestros juicios.

Creo que todavía tiene muchísimo que enseñarme, pero quiero compartir contigo todo lo que sé y todo lo que puede cambiar tu vida si empiezas a reconocer tu ego y a no dejarte llevar por él.

Antes de empezar, te voy a dejar una *checklist* para que puedas marcar aquellas casillas con las que te sientas identificado. Detrás de todas estas afirmaciones está tu ego:

1. Suelo discutir o argumentar mi punto de vista cuando hablo sobre política con alguien con una ideología distinta a la mía. ☐

2. Suelo creer que la gente que tiene creencias espirituales o religiosas diferentes a las mías no está bien informada o es una ignorante (no importa si te consideras religioso, ateo o agnóstico). ☐

3. Me siento ofendido si alguien juzga mis creencias ideológicas o espirituales. ☐

4. Creo que es más complicado conectar con una persona que pertenece a un grupo socioeconómico distinto al mío. ☐

5. No me gusta que otras personas critiquen el país, ciudad o pueblo al que pertenezco. ☐

6. Me siento orgulloso de pertenecer a mi país, ciudad o pueblo. ☐

7. Creo que las personas que consiguen sus metas son más felices. ☐

8. Es importante para mí crecer a nivel profesional y económico. ☐

9. Me frustra cometer errores o equivocarme en cosas que son importantes para mí. ☐

10. Creo que cuando consiga determinados objetivos (comprarme una casa, tener pareja, formar una familia, un mayor salario...) seré más feliz. ☐

11. Suelo ser perfeccionista. ☐

12. Me suele afectar o influir la opinión de los demás. ☐ ☐

13. Me suelo tomar las cosas de manera personal.

14. Cuando discuto con alguien suelo creer que tengo la razón y que es el otro quien se equivoca. ☐

15. Si recibo halagos o críticas de personas importantes para mí puede cambiar la percepción que tengo de mí mismo. ☐

16. Creo que si los demás me felicitan por lo que hago significa que estoy haciendo las cosas bien. ☐

17. No caerle bien a alguien me genera tristeza, frustración o inquietud. ☐

18. Mis pensamientos suelen estar en el pasado o en el futuro, no suelo estar muy presente en el aquí y en el ahora. ☐

19. Creo que es importante tener muchos amigos. ☐

20. Me da mucha paz y tranquilidad tener las cosas controladas. ☐

21. Me cuesta tomar decisiones importantes. ☐

22. Me altera o afecta ver situaciones injustas. ☐

23. Creo que es importante ser ambicioso en la vida. ☐

24. Me siento decepcionado con frecuencia por las personas que me rodean. ☐

25. Me genera mucha rabia y rechazo que la gente mienta. ☐

26. Creo que gran parte de mi sufrimiento es por situaciones (por ejemplo, el trabajo) o personas externas a mí. ☐
27. Me preocupa lo que los demás puedan pensar de mí. ☐
28. Me cuesta reconocer mis errores. ☐
29. Me suelo comparar con los demás. ☐
30. Cuando quedo con mis amigos soy de los que más hablan. ☐

PARTE I

¿QUÉ ES EL EGO?
TU FALSA IDENTIDAD

1
EL PERSONAJE QUE TE DOMINA

El ego es tu «falso yo» o tu «falsa identidad», quien crees que eres, pero en realidad no eres. Es ese personaje que se ha ido construyendo en torno a tu ser desde que eras niño o niña, esa careta que tienes o te has puesto condicionado por tus padres, tu entorno, tu sociedad y tu cultura, y que ha generado una serie de creencias, juicios y etiquetas acerca de lo que crees que eres. Es aquella historia que te cuentas sobre ti mismo, sobre quién eres y cómo eres.

La mayoría de nosotros nos identificamos con nuestro ego, no con nuestro verdadero ser, y, a su vez, al ego le gusta identificarse con cosas externas a ti, como rasgos, pensamientos, emociones y experiencias:

Rasgos o etiquetas: utilizamos los rasgos para describir a las personas, y tienen que ver con nuestra forma de actuar: tímido, seguro, extrovertido, creativo, honesto, pesimista… Pero, aunque sean características que utilizamos para describirnos, no forman parte de nosotros, sino de cómo nos comportamos. Si te consideras una persona optimista y pasas una racha difícil que te hace ver las cosas de una forma negativa,

¿has dejado de ser?, ¿ya no existes? A lo largo de nuestra vida nuestros rasgos pueden cambiar y no desaparecemos, por eso no somos unos rasgos o unas etiquetas.

Pensamientos: los pensamientos son las creencias, ideas o representaciones de la realidad que tenemos las personas. El ego hace que te identifiques con ellos, pero tú no eres tus pensamientos. Los pensamientos vienen y van y también van cambiando a lo largo de nuestra vida, así que tampoco somos nuestros pensamientos.

Emociones: las emociones son sentimientos o sensaciones que la mayoría de las veces están condicionadas por nuestros pensamientos. Tenemos la capacidad de sentir emociones, pero tampoco somos ellas. Al igual que nuestros pensamientos, nuestras emociones aparecen y desaparecen, se transforman y cambian, influenciadas por diferentes factores. Puedes estar un período largo de tu vida sintiendo tristeza, pero tú no eres triste.

Experiencias: nuestras experiencias de vida influyen en la creación de nuestro ego. El ego va formando su identidad desde que nacemos condicionado por el montón de situaciones vividas, pero tampoco estas nos definen ni forman parte de nuestro ser. Has podido experimentar una situación traumática de humillación en tu infancia, pero tú no eres un humillado.

Según vamos creciendo se adhieren a nosotros construcciones externas con las que el ego se identifica, como pueden ser una cultura determinada, un país, una religión, una sociedad, una familia, unos estudios, un título, un puesto de trabajo, un equipo de fútbol o un partido político. La mayoría de las personas no saben que viven y se identifican a través de su ego, por eso hablar de «falsa identidad» puede que no te resuene, y seguramente a tu ego no le guste nada este concepto.

Un ejemplo de identificación del ego con cosas externas a ti es tu equipo de fútbol. Hace que pienses, sientas y reacciones como si ese equipo de fútbol fueras tú mismo. Que tu equipo de fútbol pierda equivale a que tú pierdas, a que te sientas derrotado, a que hayas sido humillado o a que pierdas una oportunidad importantísima para ganar la Liga. Y tú ni siquiera estás jugando. Pero te enfadas, gritas, se te para el corazón e incluso lloras. Y si alguien se mete con tu equipo, es un ataque personal que te molesta, como si se estuvieran metiendo contigo. Y si de algo estoy segura, es de que al ego no le gusta perder ni equivocarse.

Este ejemplo lo puedes extrapolar a la política, a tu país o a cualquier idea que tengas con la que tu ego se identifique. ¿Cuántas discusiones habremos tenido por cosas o situaciones externas a nosotros? ¿Cuántas relaciones se habrán roto por diferencias de opinión sobre un tema que nada tiene que ver con nosotros? ¿Cuántas veces nos hemos ofendido por una crítica al país del que procedemos o al partido político al que votamos?

También es muy común la identificación con el trabajo. Si te identificas con tu puesto de trabajo, vives y actúas como si formara parte de tu identidad. A la pregunta: «¿Quién eres?», la respuesta irá acompañada de tu puesto de trabajo: «Soy María, analista financiera». Vale, eso es lo que haces, a lo que te dedicas, pero ¿tú quién eres? Normalmente, si te identificas con tu trabajo, te identificas con lo que haces y eso provoca que no te permitas cometer errores, o quizás te cuesta admitirlos, porque un error en tu trabajo lo vives y lo sientes como si fuera un error en tu identidad, en tu persona. Y para el ego, un error es un fracaso. Es importante hacer todo perfecto porque es la forma de demostrar tu valía y de que los demás te reconozcan. Quizás busques un determinado puesto, situación económica o estatus social por encima de tus verdaderos intereses, bienestar o felicidad, porque «eso es lo que eres, es lo que vales y lo que te representa».

> El ego se centra en «hacer» y en «tener»,
> y eso hace que te olvides de «ser».

Se puede ver claro también ante un despido. Hay personas que se derrumban, pero no por la preocupación económica de no generar ingresos y tener facturas que pagar, o porque no pueden alimentar a sus hijos, sino por el impacto que supone para su ego. Una vez más, puedes juzgarlo como un fracaso y una humillación que genera vergüenza, como si no fueras apto para ese puesto, como si no fueras suficientemente bueno o buena; en definitiva, como si no fueras una persona válida. Y no solo eso, sino que aflora la temible pregunta: «¿Qué va a pensar la gente?».

Como ves, el ego no es creerte superior, mirar a los demás por encima del hombro o ser un narcisista arrogante. Hay personas con egos así de las que ya hablaremos más adelante. Pero el tuyo no tiene por qué creerse mejor que nadie, es más, tu ego puede creer que eres el ser más miserable e incompetente que existe sobre la faz de la Tierra, porque así ha ido construyendo su identidad y así has aprendido a juzgarte. El ego puede tener el orgullo más grande del mundo, pero también el más pequeño.

Por ejemplo, que te importe mucho la opinión de los demás se puede asociar a una baja autoestima, ya que valoras más cómo ven las cosas los otros que cómo las ves tú. Estás poniendo a los demás por encima de ti y de tu propio criterio. Si tienes una baja autoestima, está claro que no te crees superior al resto, más bien todo lo contrario, pero es tu ego quien necesita esa aprobación y validación externa. El ego busca ser aprobado, reconocido y admirado por los demás, y esto es un rasgo común a todos los egos.

Una de las frases hechas que más me impactó cuando empecé a estudiar al ego es: «Detrás de un gran ego, hay una gran inseguridad». Tardé unos tres años en entenderla y reconocerla o, mejor dicho, reconocerla en mí. No paraba de repetirme: «¿Cuál es mi gran inseguridad? Si siempre me he valorado mucho y no me siento insegura, más bien todo lo contrario». Sin embargo, siempre tenía la necesidad de ser la mejor en aquello que me parecía importante, pero ¿para qué quería ser la mejor? ¿Qué estaba necesitando? ¿Me reconfortaban los halagos? ¿Qué intentaba demostrar? ¿Y a quién? Tampoco me permitía equivocarme, así que ante un posible error, me echaba a un lado por miedo a fallar.

Recuerdo cuando era adolescente y jugaba a los videojuegos en grupo (de forma presencial, no *online*) con mis amigos. Solo había dos mandos de la *PlayStation* y teníamos que ir turnándonos. En esa época, cuando nos teníamos que turnar en algo, estaba de moda que el siguiente puesto para jugar se lo ganara quien acertara la capital del país que mencionara quien había tenido el último turno. Entonces, cuando alguien terminaba una partida y le tocaba jugar a otra persona, decía, por ejemplo, «¡Finlandia!», y el primero que nombrara la capital era el siguiente. Yo era (y soy) malísima recordando las capitales del mundo. Las aprendí en el colegio al estudiar geografía y al año siguiente no me acordaba ni de la mitad. Así que como mi rol en ese momento de mi vida era de persona inteligente, siempre decía que no me apetecía jugar a la Play, no fuera a ser que descubrieran que no me sabía la mayoría de capitales del mundo y mi rol se desvaneciera. Eso, aparte de una estupidez, es una inseguridad que me impedía disfrutar o probar cosas nuevas, porque «yo no me equivocaba nunca».

Sé que ahora te estarás haciendo la pregunta del millón. Si no soy todo eso, entonces, ¿quién soy? Ten un poco de paciencia, que esto solo acaba de empezar, pero te aseguro que merecerá la pena.

RECUERDA QUE...

— El ego es una falsa identidad que se identifica con rasgos, pensamientos, emociones y experiencias.
— El ego se va formando desde tu infancia, condicionado por un montón de creencias y juicios influenciados por tu familia, tu entorno y tu cultura.
— El ego se construye y vive en el exterior, y te desconecta de tu interior.

2
¿DÓNDE SE ESCONDE EL EGO?

¿POR QUÉ DARÍAS TU VIDA?

Hemos hablado de la identificación del ego con cosas externas a ti. Desde que naces se te empieza a identificar con multitud de cosas: con un nombre, con una nacionalidad, con una familia, con una religión o ausencia de ella, con una sociedad…, y según vas creciendo, se van incorporando nuevas formas de identificación, como una ideología política o un equipo de fútbol.

Esta identificación significa que pasan a formar parte de ti y piensas y actúas como si fueran intrínsecas a tu persona. Una forma muy clara de verlo es con las personas que han estado y están dispuestas a morir por esta identificación. ¿Cuánta gente ha dado su vida por identificarse con un país, una religión o una ideología política? ¿Cuántas horas perdidas discutiendo para defender una idea u opinión como si de nuestra propia vida se tratase? ¿Cuántas personas han estado dispuestas a morir por su propio ego?

Una de las identificaciones más fuertes que he tenido ha sido con mi país, España. Desde los diez años, he tenido la suerte de viajar un mes en verano al extranjero para aprender inglés. He podido conocer a gente de prácticamente todas las culturas y nacionalidades, porque siempre estaba rodeada de estudiantes de diferentes países. Y siempre, siempre, siempre hablaba de lo maravilloso que era vivir en España, de que sin lugar a dudas era el mejor país para vivir, y en todas las ocasiones sacaba las mismas armas; el clima, las playas, las montañas, la gastronomía... y cómo no, los españoles, que somos muy simpáticos. Defendía mi país como si tuviera que aprobar un examen con matrícula de honor, y si a alguien se le ocurría hacer una crítica o comentario negativo, por supuesto que me lo tomaba como algo personal y la consideraba *persona non grata*, y de regalo se llevaba un ataque al país del que procediera. Si era española, también: simplemente era una ignorante. Nadie se podía meter con mi país. ¿En qué momento me importa la opinión de Vladimir sobre el país en el que vivo? En el momento en el que me identifico con él y me ofendo como si me estuviera criticando a mí.

¿Y qué me dices de los mundiales de fútbol? ¿Cuántos litros de lágrimas se derraman en los mundiales de fútbol? ¿Cuánta gente se endeuda para poder asistir a ellos?

Recuerdo perfectamente cuando España ganó el Mundial en 2010. Estaba en la plaza de Colón de Madrid con una amiga del colegio. Estaba abarrotada de gente, era donde nos reuníamos los «aficionados» para ver los partidos en unas pantallas gigantes. Confieso que aún se me ponen los pelos de punta al recordar ese momento, y no porque España ganase el Mundial, sino por la energía tan brutal que se produjo y vivimos miles de desconocidos. Los gritos, los llantos, la euforia. Por suerte nunca he vivido una guerra, pero me pregunto si la celebración del fin de una se asemeja a ese momento, porque la reacción a que once jugadores hayan ganado un partido de fútbol bien se parece al acontecimiento más grande de la historia. Nos estábamos identificando con la selección española de fútbol, como si cada uno de nosotros hubiera ganado ese partido, como si cada uno de nosotros hubiera quedado por encima del resto del mundo. ¿Y qué pasa si pierdes la final? Bajonazo asegurado, alcohol para ahogar las penas, me voy a la cama que toca una semana de superación de este bache.

Con esto no quiero decir que tengas que volverte un ser inerte que no celebre o comparta intereses con los demás, pero es importante que seas consciente de dónde estás poniendo el poder de tu estado de ánimo y de tus emociones, de si el sufrimiento que estás experimentando tiene realmente algún sentido y con qué te estás identificando. Y quizás la próxima vez que tu equipo de fútbol pierda consigas verlo como algo externo a ti y elijas el poder que quieres darle y cómo te hace sentir.

Otra de las identificaciones que a día de hoy me hace bastante gracia y suele ser muy común es la ideología política. Normalmente nos rodeamos de personas que piensan parecido a nosotros y esto evita muchos conflictos, pero siempre hay alguien que piensa diferente, así que, como salga el tema a relucir, la discusión está asegurada. Los ataques son siempre los mismos. A las personas nos gusta mucho vivir del pasado y enumerar todo lo que ha hecho bien o mal el partido o la ideología política de la que estamos hablando. Yo siempre decía: «Empieza por leer un libro sobre historia económica y luego me hablas». Me creía la más entendida por haber tenido una asignatura de historia económica en la carrera, y la verdad es que no tenía, ni tengo, ni idea. También me parecía impensable tener una relación sentimental con una persona del partido político odiado, a ver qué iba a pasar con nuestros hijos, y no porque pudieran tener una ideología distinta a la mía, que tampoco me hacía demasiada gracia, sino porque iban a tener un padre ignorante. No era un rechazo por sus ideas, sino por cómo juzgaba a la persona por tener esas ideas.

Ahora intento tener una mirada neutra a pesar de años de condicionamiento. Nadie tiene la razón, simplemente, como personas, tenemos diferentes puntos de vista, y el mío no es mejor que el del otro.

SARA Y EL «NO» AMOR DE SU VIDA

Sara era una clienta española que vivía en Estados Unidos. Su educación había girado en torno a la religión católica y era una persona creyente y practicante. Llevaba un año saliendo con Jacob, un hombre guapo, trabajador, educado y muy buena persona (según sus palabras). Pero Sara tenía un problema que no la dejaba dormir bien por las noches y le hacía estar triste. Jacob era judío. Ninguno de los dos estaba dispuesto a «renunciar» a su religión, y era importante para ellos que uno de los dos «se convirtiera» porque ambos querían ser padres, y la educación de sus hijos, basada en las creencias religiosas de cada uno, era de vital importancia. Renunciar, flexibilizar o compartir sus creencias espirituales suponía para Sara renunciar a quien era, y eso no era una opción. Sara se identificaba con su religión. Lo mismo pasaba con Jacob. Así que una vez más, la falsa identificación, el ego, estaba por encima del amor.

Todos nosotros podemos tener nuestras propias creencias sin que sean algo negativo, pero en el momento que una de ellas nos está causando sufrimiento conviene hacer una revisión, ir a nuestro interior y ver lo que está pasando. No debemos sentirnos atados u obligados a seguir las directrices de nadie, sino que debemos pensar, sentir y obrar con total libertad y coherencia con nuestro interior. No tenemos que demostrar nada a nadie ni cumplir una lista de requisitos. Las respuestas más importantes están en tu interior, solo tienes que mirar y ser sincero contigo mismo, desprendiéndote de todas las capas que se han ido formando sobre ti.

RECUERDA QUE...

— El ego se identifica con construcciones externas que no forman parte de tu identidad: «Soy católico», «Soy de izquierdas», «Soy del Real Madrid»...
— La identificación con nuestras creencias puede desconectarnos de los demás, pero sobre todo de nuestro verdadero ser.
— Tomamos decisiones importantes condicionados por esta falsa identidad.

La palmadita en la espalda

La búsqueda de reconocimiento y aprobación es una de las características más destacadas del ego. El ego se alimenta de «palmaditas en la espalda» y hace que te sientas mejor contigo mismo ante cualquier halago, logro u objetivo conseguido que se reconozca. El ego cree que tu valor se nutre de la aprobación ajena.

En nuestra infancia y en nuestra adolescencia, a casi todos nosotros, se nos ha recompensado por aquello que conseguíamos. Por ejemplo, si sacábamos buenas notas en el colegio, por lo general, nuestros padres nos premiaban con algo material, con su amor o con su reconocimiento. Si compartíamos un juguete con nuestros hermanos o amigos, éramos buenos y generosos, y nuestros padres se ponían muy contentos. Cuando somos pequeños, anhelamos el amor y la atención de nuestros padres más que nada en el mundo. Entonces nuestro sentido de identidad y de valor se va formando con aquellos halagos o críticas que nos van transmitiendo, que implican aprobación y validación externa. Según vamos creciendo, este reconocimiento lo extrapolamos a nuestros amigos, profesores, pareja, jefes o compañeros de trabajo. Nuestra identidad se va formando desde que nacemos con opiniones ajenas, porque en la niñez y en la adolescencia aún somos demasiado inmaduros para tener un criterio propio, o para cuestionarnos aquellas etiquetas con las que nos definen y describen. Así se va creando nuestro ego, con información exterior.

Cuando consciente o inconscientemente buscamos este reconocimiento o aprobación ajena, corremos el riesgo de perdernos a nosotros mismos (si es que alguna vez nos hemos conocido). Nuestros pensamientos y nuestras acciones van encaminados a esa aprobación que tanto deseamos, y dejamos de mirar dentro de nosotros mismos. Cuando nos perdemos, no sabemos quiénes somos realmente, qué nos gusta hacer, cuáles son nuestros verdaderos valores o qué nos hace felices.

He tenido varios clientes cuyo objetivo ha sido saber quiénes eran realmente, conocerse a sí mismos y tener una opinión personal sobre su identidad, porque toda su vida ha ido encaminada según lo que los demás esperaban de él o ella. Hay muchas personas que ni siquiera llegan a plantearse quiénes son realmente más allá de esa falsa identidad construida por el ego. Nadie nos ha enseñado a conocernos.

JORGE Y EL NEGOCIO FAMILIAR

Jorge era un cliente de 35 años que quiso empezar un proceso de *coaching* sin un objetivo definido. Consideraba que no era feliz y que nada le hacía ilusión o le motivaba, y quería saber qué le estaba pasando. Aseguraba que todo le iba bien: tenía un trabajo estable y bien remunerado en la empresa familiar, una pareja con la que llevaba tres años y un grupo de amigos de toda la vida.

Muchas veces, aunque creamos que todo «está bien» porque no tenemos grandes contratiempos, estamos inmersos en el problema más profundo y existencial: no vivir nuestra propia vida, sino aquella que nos han contado que es la mejor o aquella que se espera de nosotros.

Empezamos a indagar y por primera vez reconoció en voz alta que le amargaba trabajar en la empresa familiar, pero «era lo que tenía que hacer» después de todo el esfuerzo que había hecho su padre por sacarla adelante. Estaba a gusto con su pareja, era una mujer guapa, con un buen puesto de trabajo que les proporcionaba una vida acomodada, y se llevaban bastante bien, pero tenía dudas de si realmente había estado enamorado de ella alguna vez. Pero, claro, cumplía a la perfección con su *checklist*.

Normalmente, en los procesos pido a los clientes que piensen en su situación ideal, sin obstáculos, sin miedos, sin impedimentos, como si tuvieran una varita mágica y pudieran tener la vida que desean sin contratiempos.

A Jorge le encantaba surfear, vivía en una zona de costa y practicaba desde que era adolescente. El ajetreo de su día a día hizo que dejara de tener tiempo y surfeaba tres o cuatro veces al año. Su situación ideal era tener su propio negocio de tablas de surf y poder practicar varios días a la semana. Al preguntarle: «¿Qué te lo impide?» se hizo un largo silencio. «¿Cómo te sentirías?». «Libre y feliz». «¿Qué necesitas?». «Echarle huevos». Era una decisión que no iba a ser bien recibida por su familia y por su pareja, pero transformaría su vida para siempre.

> Cuidado con no necesitar la aprobación ajena, corres el riesgo de ser feliz.

Recuerdo perfectamente la primera vez que tomé una decisión libremente, sin la aprobación de nadie y en contra de todo reconocimiento social. Fue el día que decidí dejar la primera carrera que había elegido. Desde los 16 años tenía claro qué quería estudiar y en qué universidad. Lo tenía claro porque mi familia y mi entorno social me habían dicho que era la mejor carrera que podía elegir y la más prestigiosa. A mi ego le parecía fascinante la idea de poder entrar ahí y tenía clarísimo que era lo que quería hacer.

Cuando conseguí entrar con 18 años, me sentía superimportante y supervaliosa, y la gente de mi alrededor, sin querer, siguió alimentando mi ego felicitándome y valorándolo como el mayor logro jamás conseguido. Sin embargo, tres meses después, me sentía triste y desmotivada. En realidad, el primer mes ya me di cuenta de que no quería estar ahí, pero mi ego siguió tirando del carro porque «cómo iba a desaprovechar semejante oportunidad». Pero a los tres meses ya no podía más y tomé la decisión de dejarlo.

Por supuesto que nadie me apoyó, aunque mi madre lo hizo a su manera diciéndome que si era lo que realmente quería hacer, que lo hiciera, que si no era feliz, que lo dejara, que no pasaba nada, pero fue la única. Me acuerdo perfectamente de la cara de mi padre cuando se lo dije por videollamada, al pobre le entraron «los calores» e intentó convencerme de la mejor forma de que aguantara al menos un año. Yo estaba tan desesperada que no paraba de gritar, llorar y de decir palabrotas a través de la pantalla. Mis amigos también trataron de persuadirme, una de mis mejores amigas me dijo: «Jo, con la ilusión que me hacía decir que tenía una amiga que estudiaba ahí». Incluso mi novio de entonces me animó a seguir intentándolo por el futuro profesional que podía esperarme, a pesar de que estábamos teniendo una relación a distancia por culpa de mi carrera.

Fue la primera decisión libre de ego que tomé en mi vida de la que tengo memoria, o por lo menos la primera decisión importante para mí, aunque el ego no se iba a quedar atrás por mucho tiempo. Me liberé de esa carga, pero mi ego siguió poniéndome muchas más. Como, por ejemplo, elegir estudiar dos carreras al año siguiente para sentir que igualmente estaba haciendo algo grande, en vez de escoger algo que realmente me gustase. Ni siquiera me había parado a pensar qué me gustaba y con qué podía disfrutar estudiando. Ni siquiera sabía que eso era una posibilidad.

Tomar decisiones desde el reconocimiento que necesita el ego me ha estado acompañando hasta hace poco. Mi segundo gran golpe de realidad fue cuando, al empezar a trabajar (después de estudiar las dos carreras que mi ego había elegido), me di cuenta de que lo que había elegido no me gustaba, no me hacía feliz y me estaba amargando la existencia. Ahí comenzó mi maravillosa crisis existencial. Tenía 24 años y la necesidad imperiosa de hacer borrón y cuenta nueva con todo lo que había hecho hasta entonces. Y así fue. Hice las maletas y me fui a Argentina solo con billete de ida. Estuve viviendo allí un año, y sin duda fue un año decisivo para conocerme a mí misma y empezar a tomar decisiones desde dentro. Tenía mucho tiempo libre y a todo mi entorno a diez mil kilómetros, así que estaba prácticamente libre de condicionamientos e influencias externas. Apenas tenía amigos o amigas, mi única influencia directa era mi pareja, Beli, con quien empecé una relación estando allí y tuve la suerte de que me animara e impulsara a luchar por aquello que realmente quería y me hacía feliz. Así que pasaba la mayor parte del tiempo sola, y sin duda fue maravilloso. Sentía libertad, felicidad y mucha paz.

Dado que mis clientes suelen ser adultos, han de trabajar mucho sobre su situación laboral. Si tuviera que decir dónde veo más presente y potente al ego, sin duda diría que en las relaciones de pareja, pero el mundo laboral gana por goleada en la necesidad de reconocimiento. Es increíble cómo nos metemos en esa rueda con tanta facilidad y lo difícil que resulta salir de ella.

> Hay gente con ansiedad, con depresión,
> infeliz o simplemente amargada por aferrarse
> a un estatus o puesto de trabajo.

Cuando te das cuenta de que tus pensamientos, acciones o decisiones están condicionados por esa necesidad de reconocimiento, es el momento perfecto para hacer un parón y replantearte tu vida. Es ahí cuando puedes empezar a ver las cosas desde tu realidad y no desde la realidad de los demás, y tomar decisiones libremente pensando única y exclusivamente en tus necesidades y en aquello que te hace feliz. Porque tu vida es solo tuya y nadie más la tiene que vivir por ti. La toma de conciencia es siempre el primer paso.

FERNANDA Y SU ESTATUS SOCIAL

Otro ejemplo que personalmente me impactó fue el de una clienta latinoamericana llamada Fernanda. Me impactó por lo gran defensora que he sido siempre del amor y por cómo veo yo las relaciones, es decir, por mis juicios. Me estaba contando que salía con un chico y que estaba muy contenta, pero sin formalizar la relación y mucho menos hacerlo público, porque su familia jamás iba a aprobarlo. En ese momento tuve que darme una rápida colleja imaginaria para decirme: «María, no juzgues, guárdate tu *speech* heroico y apaga la radio de tu mente». Claro, ella pertenece a una sociedad más colectivista donde la familia y el grupo de iguales tienen una importancia brutal, y no era cuestionable tener una relación con una persona que no fuera aprobada por «su grupo» por pertenecer a un estatus social «inferior». Para mí era una auténtica locura, pero para ella era lo normal y no parecía que le afectara demasiado.

La necesidad de aprobación, reconocimiento o pertenencia ajena puede hacer que perdamos al amor de nuestra vida, la oportunidad laboral de nuestros sueños o ser felices con aquello que queramos o elijamos libremente.

Es muy importante que te cuestiones todo lo que piensas y todo lo que haces. ¿Realmente son decisiones libres o detrás se esconde la necesidad de aprobación y pertenencia?

RECUERDA QUE...

— El ego necesita el reconocimiento externo.
— El ego determina su valor por la aprobación ajena.
— El ego te hace vivir la vida que los demás esperan que vivas.
— Nunca podrás ser feliz viviendo de las expectativas ajenas.

La incomodidad de la zona de confort

El ego actúa desde el miedo y el control porque teme desaparecer. Se siente seguro con aquello que ha aprendido, con aquello que entiende que es y con todas las creencias, pensamientos, juicios y etiquetas con los que te identifica. Esta falsa seguridad creada por el ego pone en peligro constante tu verdadera libertad.

Habrás oído hablar de la famosa zona de confort. La zona de confort es el hogar del ego. Todo aquello que conoce está bajo su control y se siente muy a gusto y cómodo viviendo desde ahí. Aunque se defina como «zona de confort», muchas veces somos conscientes de que no tiene nada de confortable y de que nos estamos haciendo daño permaneciendo allí, pero es donde nos sentimos seguros. También es algo muy típico de las relaciones de pareja o de un puesto de trabajo. Estamos amargados, desmotivados, tristes, pero como sabemos lo que va a pasar en cada momento, como conocemos lo que hay, qué podemos hacer y cómo podemos hacerlo, es más «cómodo» quedarse ahí. Tenemos miedo de salir y perder el control.

Al identificarse con unas creencias, el ego hace muy difícil el cambio, la evolución y el crecimiento personal. Porque cuestionar aquello en lo que has creído siempre significa cuestionar la identidad del ego o la identidad que crees que tienes.

> El ego nos hace tomar decisiones desde el miedo en vez de desde la verdadera voluntad, libertad o amor.

Uno de los ejemplos que más me encuentro en mis sesiones es el miedo a «dejar ir». Por lo general, se repite mucho en las relaciones de pareja. Siempre tengo alguna clienta que está pasando por una ruptura o por el final de una relación, donde se aferra a una persona que no la hace feliz pero es «lo seguro» o «lo conocido». Los miedos más comunes asociados a una ruptura son: «Me voy a quedar sola», «Nadie me va a querer», «Ya es tarde para encontrar a alguien», «Nadie me va a gustar», «Tenía todo planeado con esta persona», «Tengo que decírselo a mi familia», «Qué va a pensar la gente», «Se me va a pasar el arroz» y un montón de pensamientos que nada tienen que ver con la persona en cuestión, sino con el temor a acabar con esa relación.

Todo el sufrimiento gira en torno al miedo y no al amor. Los sentimientos de tristeza, enfado o frustración no suelen venir acompañados de declaraciones como: «Es una persona maravillosa, buena y generosa que me trataba como una reina mora», o quizás: «Admiro a mi pareja por sus valores, sus proyectos y todo aquello que tenemos en común», o a lo mejor un: «Siempre me ha apoyado en todo lo que necesitaba y me he sentido acompañada y amada».

El sufrimiento viene asociado generalmente a lo que supone la ruptura para esa persona, no a la pareja que puede estar perdiendo. Estos miedos generan muchísima confusión sobre si habrá sido la mejor decisión, porque aparece una soledad a la que no estábamos acostumbrados, por la presión social de tener pareja o formar una familia, por el miedo a no ser querido o a sentirnos rechazados… Y un sinfín de preocupaciones que nos hacen dudar de nuestros verdaderos sentimientos.

Probablemente conozcas a más de un matrimonio o pareja que no se ama pero está cómodo. O que, incluso siendo infelices, permanecen juntos porque están en una zona de confort, lo conocido, donde no hay sobresaltos, donde sé lo que va a pasar y nada me descoloca. Para mí lo peor es la inconsciencia de lo que les está pasando, porque, como comentaba, el discurso inicial gira en torno al supuesto amor que sienten hacia la otra persona y, por lo general, ese amor o esa relación se rompió hace tiempo. Ya no hay admiración, respeto, cariño o trabajo en equipo. Lo que queda es zona de confort. Pero preferimos ser infelices atados a una relación que ser libres y actuar desde el amor, porque nos da miedo, no sabemos qué hay detrás, se escapa a nuestro control.

En los puestos de trabajo pasa algo similar, sobre todo cuando queremos cambiar de sector o reinventarnos. El ego te identifica con lo que haces y con lo que tienes, por lo que tu trabajo también forma parte de tu identidad, y dejar el despacho de abogados en el que llevas diez años para dedicarte a diseñar interiores da miedo, porque: «Qué pasa si no me va bien», «He dedicado toda mi vida al derecho», «Qué va a decir la gente», «No sé hacer otra cosa» y un mogollón de pensamientos originados desde el miedo que te paralizan y no te dejan avanzar. Y de repente aparece el conformismo o la resignación: «Si en el fondo no estoy tan mal».

Recuerda que el ego necesita jugar sobre seguro, aunque eso te perjudique, te quite libertad o no te haga feliz. El ego intenta protegerte de la incertidumbre para seguir teniendo el control y sentirse seguro con su identidad.

Cuando tengas que tomar una decisión, cuando tengas que elegir entre diferentes opciones, haz un parón y evalúa si alguna de ellas procede del miedo. No dejes que tu ego decida por ti. Recuerda todos los miedos que has tenido a lo largo de tu vida y lo que ha pasado cuando te has enfrentado a ellos. ¿Alguna vez te has arrepentido de enfrentar algún miedo?

La mayoría de nuestros miedos solo están en nuestra cabeza, no son opciones reales ni verdaderos riesgos.

Si dejamos a nuestro ego campar a sus anchas, siempre elegirá quedarse donde está. A veces necesitamos ir poco a poco para enfrentar nuestros miedos, porque la carga emocional que conllevan es muy poderosa. No pasa nada si tenemos que ir despacio, con pequeños avances; lo importante es no dejar nunca de caminar.

Como te he contado, cuando tenía 24 años tuve una crisis existencial y me fui a vivir a Buenos Aires. Empecé a conocerme, a entenderme y a escucharme, pero no todo fue fácil y rápido.

Después de casi un año viviendo allí, Beli y yo decidimos instalarnos en Madrid para empezar a redefinir mi futuro. Tenía más o menos clara mi situación ideal, pero en el fondo no la veía factible. Me ilusionaba poder trabajar desde casa, a mi ritmo, con mis tiempos, sin gente a mi alrededor, sin tener que responder ante nadie y sin que alguien me dijera lo que tenía que hacer. Como buena acuario que soy, la libertad es mi valor número uno.

También quería hacer algo relacionado con ayudar a los demás, no quería estar detrás de un ordenador todo el día analizando numeritos. Pero, claro, había estudiado Derecho y ADE, el tipo de trabajo que podía conseguir con esa formación era limitado para mis expectativas de vida. Mentira, no era limitado: yo misma y mis creencias lo limitaban.

Beli me insistía en que estudiara Psicología, y mi mente no paraba de decir que cómo iba a estudiar otra carrera con el tiempo y esfuerzo que conlleva; además, ya no me quedaban ahorros, tenía que volver al mercado laboral. Mi mente era mucho más pequeña de lo que jamás hubiera imaginado, me costaba pensar a lo grande, evaluar otras opciones, salir del blanco o negro. Así que me dije, «dentro de "lo mío", ¿por dónde puedo tirar?». Y al analizar los diferentes departamentos de una empresa, Recursos Humanos parecía lo menos tedioso. Hice algunos cursos y nada más llegar a España empecé a trabajar en una empresa de búsqueda y selección de personal especializado. La ilusión me duró un mes, aproximadamente.

Estaba dando pequeños pasos, pero sin llegar a salir de mi zona de confort: lo que ya conocía y formaba parte de «lo mío». Estaba muy triste, tenía la sensación de haberme traicionado a mí misma y haber dado pasos hacia atrás. Era el mismo perro pero con distinto collar.

Tengo la suerte de que nunca me conformo con nada que no me haga feliz, así que decidí buscar la mejor escuela para formarme como *coach* mientras trabajaba, y ya vería qué hacía con ello. En ese momento me daba cierta tranquilidad no quedarme quieta. El *coaching* era algo que ya me había planteado antes y que había descartado por varios comentarios desafortunados, como: «Eres demasiado joven para ser *coach*» o: «Se necesita mucha experiencia». La escuela donde me formé estaba a cinco minutos caminando desde mi trabajo, así que era perfecta para compaginar ambas cosas.

Antes de terminar mi formación, me armé de valor y dejé el trabajo para centrarme un cien por cien en el *coaching*. Y aquí estoy, con mi situación ideal más que cumplida y superada, y disfrutando cada día de lo que hago desde mi libertad.

Con este ejemplo quiero enseñarte cómo tuve que ir poco a poco, avanzando y retrocediendo, hasta coger el toro por los cuernos. Pasaron casi tres años desde que tuve mi crisis existencial hasta que empecé a encontrarme y a liberarme de toda la carga y condicionamientos que arrastraba.

El dios de la Justicia

El ego es el eterno juez. Es imposible no admitir que vivimos en el mundo de los juicios. A decir verdad, nos ayudan a desenvolvernos en el día a día sin tener que hacer un examen exhaustivo de todo aquello que sucede a nuestro alrededor. También están relacionados con tus valores, tus principios y tu sentido de la justicia, por lo que acaban formando parte de la identidad del ego.

Para mí son el indicador más importante, junto con las emociones, de que el ego está presente. En el momento en que me sorprendo juzgando a alguien, una situación, un hecho o una creencia, sé que es él quien está al mando.

Los juicios de valor —qué es mejor o peor, qué es bueno o malo— forman parte de nuestro ego y su verdad. Lo que yo juzgo que es mejor, es así y punto. Esta es una de las facetas más potentes de mi ego, creer que siempre tengo la razón, y he tenido que pelear mucho contra este impulso. Entre mis etiquetas de toda la vida siempre ha estado la de «cabezota».

Sigo emitiendo más juicios de los que me gustaría, pero lo que sí he logrado interiorizar es que son simples opiniones que no tienen ni mayor peso ni mayor validez que las de cualquier otra persona. Tampoco entro a juzgar lo que es justo o injusto, porque entiendo que la justicia siempre estará definida por mis creencias, y que mis creencias no son más importantes ni más fuertes que las de la persona que piensa todo lo contrario. Antes de opinar, intento entender el punto de vista del otro, porque posee también su propia verdad. Es fascinante comprobar cómo de un simple hecho podemos sacar múltiples interpretaciones.

Ya hemos hablado de los enfados y las discusiones sobre política. Son algo que ahora observo con diversión, pero he participado en ellas durante una parte de mi vida. Vamos a simplificarlas entre los que son de izquierdas y los que son de derechas. ¿No es fascinante cómo los que pertenecen al «bando» contrario (independientemente de a cuál pertenezcas) son los más ignorantes, incompetentes, corruptos y malvados del universo? Siempre argumentamos con los mismos discursos, siempre utilizamos los mismos juicios, siempre contamos la misma historia. Nos sabemos de memoria con qué va a atacar la otra persona y cómo vamos a defendernos.

Un ejemplo muy claro de cómo la justicia, el bien y el mal son relativos es acordarnos de personajes históricos como Adolf Hitler. Hoy en día podríamos decir que la mayoría juzgamos lo ocurrido como atroz y diabólico, pero la realidad es que sigue habiendo personas que no lo consideran así. El propio Hitler creía que estaba haciendo un favor a la humanidad y, por tanto, que su propósito era bueno.

> Cualquier situación que no sea un hecho en sí, y quepa sobre ella una opinión o punto de vista diferente, será un juicio, y como juicio no es una realidad.

Dentro de los juicios, otra forma fácil de identificar al ego es cuando entramos en una discusión; no en una disparidad de opiniones, sino en una señora discusión. ¿Qué hacemos cuando discutimos? Defender nuestro punto de vista u opinión, es decir, nuestro juicio sobre algo o alguien. Si discutes, es tu ego el que está discutiendo, no tú. Discutimos por tener razón e intentar que el otro se dé cuenta de que está equivocado. Da igual por qué sea la discusión, tú estás defendiendo tu realidad a capa y espada y el otro no tiene razón. Por supuesto que podemos tener diferentes opiniones o puntos de vista que otras personas, y por supuesto que podemos argumentar nuestra visión del asunto, pero en el momento que se deja de hablar o argumentar y se empieza a discutir, aparece el ego. Te está molestando que la otra persona no vea las cosas como tú las ves, y eso es ego.

La discusión es para mí una señal de alerta muy ruidosa porque, si he llegado a este punto, significa que todavía no he podido calmar mi ego. Suelo discutir con Beli porque no se hacen las cosas como yo quiero y cuando yo quiero, porque, claro, mi ego opina que como yo digo que son las cosas es la mejor opción siempre.

Soy más rígida de lo que debería con el tema horarios y organización. Personalmente me da mucha paz organizarme lo mejor posible para aprovechar el tiempo y hacer las cosas lo mejor que pueda, y claro, espero que Beli haga lo mismo. Entonces, cuando le digo a Beli que hay que estar listo para ir a cualquier lado en diez minutos y no lo está, le reclamo que siempre tengo que estar detrás de él.

También soy muy pesada desde que nació nuestra primera hija con cómo deben hacerse las cosas, qué puede decir y qué no, y cuál es la mejor manera de atenderla y educarla. Vamos, que soy una mandona en toda regla. Bueno, mi ego es supermandón (aunque él opina, simplemente, que tiene las cosas claras). Y es ahí, en esas discusiones, donde me doy cuenta de que es mi ego quien quiere tener la razón y salirse con la suya.

Entonces, de nuevo, toca detenerse y analizar las cosas dejando al ego a un lado. Porque mi realidad no es la realidad. Soy tremendamente organizada o puntual porque mi familia es tremendamente organizada y puntual, y eso no significa que sea lo mejor para todo el mundo. La realidad de Beli es igual de válida e importante que la mía propia.

También mi ego aparece cuando juzga que no estoy siendo valorada; por ejemplo cuando me hago cargo más tiempo de mis hijas y tengo que recordarle a Beli que tiene que bañarlas. Sin embargo, los dos lo estamos haciendo lo mejor que sabemos y podemos, y en ningún momento hay falta de valoración o amor porque no cumpla mis expectativas o yo las suyas.

Hace mucho que no discuto con otras personas, realmente nunca me ha gustado, siempre lo he evitado, pero muchas veces detrás de esa «no discusión» también están mis juicios.

Y juzgo qué es mejor o qué es peor aunque ceda, y juzgo qué es malo o qué es bueno, y eso, como hemos visto, también es ego. Porque mis valores no son mejores ni peores que los del resto, solo diferentes. Y sigo necesitando esa toma de conciencia para darme cuenta.

Como he dicho antes, creo que en las relaciones de pareja es donde más aflora el ego. Es el tema número uno para trabajar el ego con mis clientes. ¿Cuántas relaciones no se habrían roto si hubiéramos dejado el ego a un lado? Y, a decir verdad, no solo relaciones de pareja, sino cualquier tipo de relación. Personalmente, he perdido más de una amistad por ego y he visto desmoronarse a familias enteras por lo mismo.

En mis relaciones de pareja anteriores, mi ego dirigía la orquesta. No he tenido relaciones especialmente duras o tóxicas, pero mi ego se ha visto muy herido siempre, y eso me ha hecho sufrir muchísimo más de lo que debería.

Siempre había tenido ideas claras sobre cómo debería ser una relación, cómo se debe comportar una pareja, y que existen cosas «obvias» o de «sentido común». Estas ideas, además, siempre eran respaldadas por mis amigos. Vivía en mi propia realidad y todo aquello que no encajaba era una falta de valoración, de respeto o de amor.

Mi ego estaba presente, viviendo su realidad como si fuera la única, siendo tremendamente egocéntrico. Cualquier acto o palabra me lo tomaba de forma personal, como si no me estuvieran valorando, respetando o queriendo lo suficiente; también cualquier indicio de apatía o falta de atención era algo contra mí. No veía más allá de mi ombligo, aunque tampoco podía haberlo hecho en esos momentos de mi vida, por edad y falta de formación, así que mi capacidad de ver más allá era bastante limitada.

Con ver más allá me refiero a que cada persona viene con su mochila de casa, con sus experiencias de vida, con sus traumas, con sus carencias emocionales… Y la mayor parte de las veces todos lo hacemos lo mejor que sabemos y lo mejor que podemos, porque bastante tenemos con lidiar con nosotros mismos. Cuando entendí esto dejé de tomarme las cosas como algo personal y dejé de tener parejas «malas».

Que cada persona arrastre su mochila y haya una explicación a sus comportamientos no quiere decir que tengamos que aceptarlos o vivir con ellos. Tenemos la responsabilidad de hacernos cargo de nuestro bienestar y de, por supuesto, nuestras relaciones, y si estás con una persona que no encaja con tu forma de ver la vida, con tus valores, con tus expectativas de cara a una relación o con tus proyectos, de nada sirve permanecer ahí, pero dejar de vivir desde el egocentrismo, como si todo tuviera algo que ver contigo, te libera y te da paz.

RECUERDA QUE...

— El sentido de justicia forma parte del ego.
— El ego emite juicios de valor constantemente como si fueran una realidad.
— La emisión de juicios es una señal de alerta de que tu ego está presente.
— Tus creencias, valores y juicios no son mejores que los de los demás.
— Es tu ego quien discute.

Tanto tienes, tanto vales

El ego se identifica con lo que haces y con lo que tienes. Cuando hablamos de lo que haces, entran en juego todo tipo de acciones: logros, trabajo, rutinas, conducta, *hobbies*, reacciones…

Siempre que publico este tipo de mensajes en Instagram: «No eres lo que tienes» o «No eres lo que haces», me escriben varias personas diciéndome que no están de acuerdo, porque consideran que son lo que hacen. Esta creencia me resulta un tanto peligrosa ya que, al identificarte con lo que haces, pones tu valía en tus actos, como si tuvieras que demostrar con ellos quién eres o cómo eres, y esto puede hacer que caigas en una rueda de autoexigencia importante.

Quizás alguna vez hayas actuado de forma egoísta, pero eso no significa que seas egoísta. Quizás hayas mentido sobre algo a un amigo o familiar, pero eso no quiere decir que seas un mentiroso o que no se pueda confiar en ti. Incluso puede que hayas pasado una etapa difícil donde no te apetecía salir con tus amigos ni saber nada de nadie, y eso no significa que seas antisocial y que todo te dé igual. Hay miles de empresas que colaboran con fundaciones u ONGs para obtener beneficios fiscales o incluso blanquear dinero, y eso no significa que sean altruistas o buenas personas. Todos podemos actuar de forma libre y consciente, así que todos podríamos crear o manipular nuestra identidad.

Desde que somos pequeños nos felicitan o halagan por aquello que hacemos, y si lo hacemos mejor o antes que otros ya somos unos *cracks*. Desde nuestros primeros pasos o palabras hasta aprender a conducir. Yo misma lo hago con mis hijas, alentándolas a aprender cosas nuevas sin ser consciente del valor extremo que le estoy dando a lo que hacen. Es muy importante ser consciente de ello. Esto no quiere decir que no lo hagamos o que no reconozcamos los logros de nuestros hijos, o los nuestros, pero es importante saber diferenciar quiénes somos de lo que hacemos. Tu hijo no es malo por tirar la comida al suelo o caprichoso por tener una rabieta, sino que juega y se expresa, y tiene momentos donde se comportará de tal o cual manera, pero eso no significa que «sea así».

Además, como hemos visto antes, cuando nos identificamos con lo que hacemos podemos encontrarnos con la exigencia, que no nos suele permitir el error. Equivocarnos en una idea, un emprendimiento, una actividad o cualquier objetivo que nos propongamos nos lo tomamos de manera personal, como si equivocarnos en algo implicase que nosotros mismos fuéramos un fracaso. Y lo que conseguimos es dar un golpe a nuestra identidad y a nuestra autoestima.

> El ego quiere protegerte, y eso implica que no te equivoques, ya que al identificarte con lo que haces, un error es un fracaso.

Cometer un error es simplemente que las cosas no salgan según lo habíamos planeado, pero tendemos a verlo como un fracaso y no como un aprendizaje. Cometer errores es uno de los aprendizajes más importantes para nuestro desarrollo y crecimiento, porque significa que nos hemos atrevido a salir de nuestra zona de confort y probar cosas nuevas, significa que estamos avanzando y siendo valientes en nuestras decisiones. Nadie nace sabiendo, así que para seguir desarrollándote como persona, el error es obligatorio.

Una de las peores consecuencias de identificarte con aquello que haces es que corres el riesgo de convertirte, como comentaba, en una persona demasiado exigente o perfeccionista. Muchas personas creen que ser así es algo positivo. Recuerdo cuando en la universidad nos preparábamos para la típica pregunta de entrevista: «Dime cuál es tu mayor defecto». Todos contestábamos: «Ser demasiado perfeccionista». Como si se la estuviéramos «colando» al entrevistador, porque realmente no nos parecía un defecto. Pues sí, es un defecto de narices. Bueno, quizás más que un defecto podemos decir que es un límite peligroso.

> La perfección no existe y además es tremendamente subjetiva.

Probablemente, el perfeccionismo o autoexigencia te cause más ansiedad, frustración y desmotivación que alegrías y tranquilidad. También puede paralizarte: dejas de hacer aquello que te gustaría porque no lo estás haciendo lo suficientemente bien, o tardas más de la cuenta porque nunca te parece perfecto. Es una señal de identificación con aquello que haces y de una necesidad de reconocimiento, ya sea externo o propio. En el primer capítulo, en la definición del ego, comentaba que es como un personaje y como tal se identifica con el «actor» —el que actúa, el que hace—, y eres tú quien está detrás de la máscara.

Con respecto al tener, parece bastante obvio o más fácil de entender que no eres lo que tienes, sin embargo, muchas personas viven según esta creencia de una forma inconsciente. No eres una cuenta bancaria con muchos o pocos ceros, ni una casa con piscina o tus múltiples propiedades, ni una colección de coches, ni un grupo o institución, ni un título universitario o un puesto de trabajo. Esta falsa identificación con el tener es bastante deprimente.

> Tu valor no depende de cuántas cosas poseas o consigas.

Podemos pasarnos la vida «esperando» a ser felices: «Cuando termine mis estudios seré feliz», «Cuando consiga trabajar en esa empresa seré feliz», «Cuando me suban el sueldo seré feliz», «Cuando forme una familia seré feliz», «Cuando tenga la casa de mis sueños seré feliz»... Y un sinfín de cosas más que creemos que hemos de tener para estar en paz o ser felices. Y una vez que las conseguimos, siempre queremos más, porque para el ego nunca son suficientes. Y paradójicamente, cuantas más cosas tenemos, menos libres somos. Al ego siempre le falta algo, más cosas materiales, más objetivos, más desafíos, más sensaciones. Cuantas más cosas tiene, cuantas más metas alcanza o cuantas más experiencias vive, más valía cree que tiene.

Pero como habrás oído más de una vez, la felicidad está dentro de ti, no fuera. Nada externo podrá hacerte feliz. Solo cuando sabes quién eres realmente, cuando conectas con tu ser y dejas al ego a un lado, entiendes lo que realmente necesitas. No necesitas hacer nada para demostrar a los demás o demostrarte a ti mismo tu valía, no necesitas tener y poseer cosas o personas y, por supuesto, no necesitas la aprobación o validación de los demás.

Yo siempre me había identificado con lo que hacía, creía que de eso dependía mi valor. Entonces mi foco estaba puesto en hacer, hacer y hacer. Como te he contado antes, mis estudios o mis aspiraciones laborales eran las que yo creía que determinaban mi valor. Por supuesto que no me permitía fallar, porque eso supondría un fracaso, y era exigente en aquellas cosas que yo consideraba importantes, como el trabajo. Sigo haciendo muchas cosas y sigo estudiando (no creo que deje de hacerlo nunca), pero eligiendo aquello que me apasiona y desde mi libertad, sin necesidad de compartirlo con nadie.

RECUERDA QUE...

— El ego se identifica con lo que haces y con lo que tienes.
— Identificarte con lo que haces te lleva a la autoexigencia y el perfeccionismo.
— Identificarte con lo que haces puede alentar la sensación de fracaso ante los errores.
— Tu valor no depende de lo que tienes o consigues.

> — Para el ego nunca es suficiente y siempre quiere más.
> — El ego hace que busques fuera lo que tienes dentro.

Pepito Grillo

Otra forma de identificar al ego es ser conscientes de que hay dos voces dentro de nuestra cabeza, con opiniones diferentes, que están en constante diálogo cuando, por ejemplo, tenemos que tomar una decisión.

He oído a mis clientes diferentes maneras de definir este diálogo interno: «Tengo dos voces dentro de mí», «Tengo la sensación de que soy dos personas diferentes», «Siento que soy dos Julias», «Tengo un ángel y un demonio», «Por un lado pienso esto y por otro lado pienso aquello...», «Una parte de mí me dice... y la otra...».

Cuando esto pasa dentro de una sesión de *coaching* mis ojos se iluminan y pienso: «¡Bien! ¡Juguemos!». Y entonces le pido al cliente o la clienta en cuestión que ponga nombre a esas dos voces o a esas dos personas dentro de sí. Cada cual las define de una forma diferente: su nombre/ un diminutivo o mote, de campo/ de ciudad, humilde/soberbia, positiva/negativa, racional/irracional, consciente/inconsciente, valiente/miedica, etcétera. Para mí, esas dos voces son ser/ ego. Creo que es importante que cada uno elija sus propios nombres para que le sea fácil identificarlas en su día a día. El concepto de ego suele resultar muy confuso, y así consiguen conectar más fácilmente.

Una vez que sabemos identificar esas dos voces dentro de nosotros, con cada pequeño ejemplo suelo preguntar: «¿Qué opción te da más paz?» e intento que la reflexión sea sin limitaciones, es decir, sin tener en cuenta excusas, condicionamientos u obstáculos, como el miedo o el qué dirán. Normalmente prefieren la opción libre del ego, pero la elección final siempre es de cada cliente.

Yo he decidido casi toda mi vida desde el ego, así que entiendo y respeto a quien lo prefiere. A veces es lo que necesitamos pensar o hacer para darnos cuenta de verdad de si nuestra elección realmente es lo que nos genera bienestar, paz y tranquilidad (sobre todo con nosotros mismos). Cuanto más conecta el cliente con esta dualidad, más puede trabajarlo en su día a día. Imagina que el cliente ha denominado a sus dos voces Mi voz racional y Mi voz irracional, y tiene cierta agilidad para diferenciarlas e identificarlas porque ha estado practicando. Cuando llega a ese punto, le pido que cada vez que lo invada una emoción desagradable, haga una pausa y piense: «¿Qué opina mi voz racional?», para así crear consciencia de lo que realmente le está pasando y de cómo puede evitar dejarse llevar por la mente automática.

Personalmente, mi ego ha sido tan fuerte y ha estado tan presente que no era consciente de esa dualidad. Para mí era importante tener siempre razón, quedar bien ante todo y ante todos, sentirme valorada y respetada, y quedar por encima ante cualquier conflicto, me llevara a quien me llevara por delante. Por eso me ilusiono tanto internamente cuando mis clientes sí son capaces de verlo, porque tiendo a pensar que les será más fácil crear conciencia para dejar el ego a un lado.

ALEJANDRA Y SU FALTA DE ILUSIÓN EN LA VIDA

Alejandra era una clienta de un pueblo de Toledo que vivía en Madrid desde que empezó la carrera. Tenía 30 años y acudía a mí porque estaba desmotivada y no le apetecía hacer nada. Su objetivo era recuperar otra vez la ilusión por la vida. Trabajaba en un fondo de inversiones y ganaba bastante dinero, aunque ya venía de una familia acomodada.

Desde que se instaló en Madrid había formado un grupo de amigas bastante sólido, todas del mismo estatus socioeconómico, y llevaba ocho meses saliendo con su pareja. No tenía muy claro cuál era su situación ideal y no podía especificar qué era lo que necesitaba o le estaba causando tristeza.

En la tercera sesión dijo las palabras mágicas: «Siento que hay dos Alejandras dentro de mí». ¡Vale! Veamos qué pasa ahí dentro. Le pedí que les pusiera nombre y las llamó Alejandra la Amargada y Alejandra Libre. Como puedes ver, los nombres ya suelen dar bastantes pistas. Empezamos a ver las diferentes áreas de su vida desde la visión de cada una.

Alejandra la Amargada vivía en un mundo de apariencias (postureo para los amigos), se sentía orgullosa de su puesto de trabajo, del dinero que ganaba, de las comodidades que se podía permitir, de su grupo de amigas... y le costó confesar que su pareja la avergonzaba socialmente por el tipo de trabajo que tenía y por su forma de comportarse en determinados ambientes.

Sin embargo, Alejandra Libre odiaba su trabajo, le quitaba más de doce horas al día y no la estimulaba nada. Le causaba mucha tristeza pensar que el resto de su vida iba a ser igual. A Alejandra Libre le encantaba su pareja. Le parecía inteligente, gracioso, divertido y especial. Decía que era la persona con la que más cómoda se había sentido en su vida y con quien podía ser más ella, pero que cuando salía Alejandra la Amargada, no paraba de corregirla o criticarla.

Le pregunté con qué Alejandra se sentía más en paz y lógicamente me dijo que con Alejandra Libre, pero que no podía evitar que Alejandra la Amargada estuviera siempre por ahí. Alejandra la Amargada sale en piloto automático, es la Alejandra que se ha ido creando a lo largo de los años condicionada por su familia y por su ambiente. Es un personaje al que la opinión y aprobación ajenas le son importantísimas, así como la identificación con hacer y tener forman parte de su vida. Alejandra estaba totalmente desconectada de sí misma, vivía como se suponía que tenía que vivir, no la hacía feliz. Su ego había tomado el control y se había olvidado de quién era. Su tarea empezaba por dejar salir a la Alejandra Libre siempre que la necesitara.

Por lo general, la voz del ego es la que está tremendamente condicionada por las creencias que hemos ido incorporando a lo largo de nuestra vida y está completamente influenciada por el qué dirán, ya que la aprobación ajena le es necesaria. Al final, las decisiones que tomemos en nuestra vida determinarán la calidad de esta, por lo que será importante elegir con consciencia.

LA TRISTEZA Y LA ANSIEDAD

El ego vive en el pasado y en el futuro, y ninguno de los dos existe. No podemos volver al pasado, no podemos cambiarlo y no podemos vivir en él. Lo mismo pasa con el futuro, podemos imaginar mil circunstancias diferentes, pero también serán irreales. No podemos controlar ni adivinar el futuro.

El ego se ha ido construyendo en tu pasado e intenta mantenerlo vivo, y esto hace que vivamos el presente con los ojos del pasado, o con las proyecciones que tenemos del futuro, donde quiere asegurar su supervivencia, olvidándonos del único momento real, el aquí y el ahora. En vez de disfrutar el momento presente, nos anclamos en experiencias pasadas o lo vivimos como un medio para alcanzar un fin. Esos objetivos, metas y logros con los que nos seguiremos identificando.

En el pasado habitan la tristeza, el rencor, el odio, la frustración y la culpa. Estos sentimientos, aparte de ser desagradables, nos limitan en el momento presente. Nos encadenan y no nos dejan vivir en libertad y plenitud. Por mucho que creas que esa persona se merece tu rencor, o que tú mismo eres culpable de un daño, no hay nada que puedas hacer para revertir el pasado y, sin embargo, vives con un malestar que no te deja sentirte en paz.

Como sabes, el ego es un justiciero que necesita defender su verdad y su sentido de la justicia hasta el final, por eso se aferra a estos sentimientos. Reconozco que soy pesada con el tema del odio y el rencor en el contenido que creo para mis redes sociales, porque realmente me parecen un veneno para nuestra mente. Consiguen que nos hagamos daño por personas que, encima, no son de nuestro agrado. Como se suele decir: «El odio y el rencor es como tomarte tú el veneno y esperar que muera el otro».

Normalmente lo suelo argumentar diciendo que tenemos que quitarles el poder sobre nuestros sentimientos a aquellas personas que nos han hecho daño, porque no lo merecen, y que perdonar es para liberarnos nosotros, no a la otra persona. Algo así como un acto egoísta pensado para nosotros y nuestro bienestar. Y sí, en cierta manera lo veo también así, pero en el fondo son el amor y la compasión lo que realmente creo que debe esconderse tras el perdón. Tanto por la otra persona como por uno mismo.

No podemos controlar aquello que dicen o hacen los demás, así que es prácticamente inevitable que alguien actúe de forma contraria a nuestros valores o a nuestras expectativas, pero de nosotros depende cómo decidimos tomárnoslo o reaccionar ante lo ocurrido. Estos sentimientos también están asociados a tomarnos las cosas como algo personal, nos sentimos atacados o heridos por alguien que ha actuado de una forma distinta a la esperada. Pero, una vez más, no estamos mirando más allá de nuestro ombligo, olvidándonos de lo que hay detrás de la otra persona.

JUAN Y SUS RELACIONES FALLIDAS

Juan era un hombre de 40 años que quería averiguar qué podía estar pasando para que todas sus relaciones no llegaran a buen puerto. Se había divorciado hacía seis años y había tenido tres relaciones desde entonces. En la primera sesión me habló de esas tres relaciones y de lo que había pasado según su punto de vista con cada una de ellas.

En la segunda sesión, salió el tema de su exmujer. Había muchísimo rencor en las palabras de Juan, no quería hablar demasiado del tema, que parecía algo enquistado. Su mujer le había sido infiel durante los últimos meses de su matrimonio con un hombre que conoció en la cafetería de su trabajo. Aparte del tremendo golpe que supuso para él enterarse de la infidelidad, la pérdida de confianza y la ruptura de un matrimonio en el que creía que iban bien las cosas, Juan se sintió tremendamente humillado.

Más allá del dolor que podía producirle que su mujer hubiera estado con otro hombre, Juan estaba muy centrado en la falta de respeto, en la falta de amor y en la humillación que supuso para él que su mujer estuviera con otra persona mientras todavía estaba casada con él. Ante estas situaciones, nuestro ego egocéntrico se centra solo en nosotros: «Cómo ha podido hacerme esto», «Cómo ha podido faltarme al respeto de esta manera», «Cómo me ha podido engañar así...». Nos olvidamos de la otra persona involucrada y de su situación.

Según lo que contaba Juan, su exmujer era una persona muy insegura que necesitaba siempre la validación de los demás para tomar decisiones o para estar contenta. Juan comentó que estaban bien en la relación, aunque últimamente no pasaban tanto tiempo juntos porque él había cambiado de trabajo y estaba hasta arriba. Ya casi no tenían relaciones sexuales y sus planes se reducían a ver Netflix en el sofá. Juan no quiso entrar demasiado en su separación porque quería centrarse en el presente y en el futuro, pero llegó a la conclusión de que su exmujer se había dejado impresionar por la atención y los halagos de su compañero de trabajo.

Este ejemplo es bastante común en las infidelidades. Muchas personas no son infieles por falta de amor o porque su pareja no les parezca suficiente, sino que necesitan sentirse deseadas, halagadas y valoradas para aceptarse a sí mismas y sentirse mejor. Sus propias inseguridades les hacen arrimarse a cualquier fuego buscando un poco de calor. Esto no quiere decir que Juan tuviera que aceptar o justificar la infidelidad de su mujer, ni tampoco que debiera continuar con la relación. Pero, una vez más, si cambiamos las gafas del egocentrismo y conseguimos ver más allá, quizás no nos sintamos tan humillados, ya que la persona que realmente tenía un problema era su exmujer, no él; su infidelidad no fue fruto de una falta de valoración o respeto hacia Juan, sino fruto de sus inseguridades y carencias emocionales.

El rencor que arrastraba Juan con su exmujer hacía que sus relaciones posteriores estuvieran cargadas de dolor. La persona de la que más se fiaba había hecho que perdiera una confianza general en el resto y siempre estaba alerta y protegiéndose tras una coraza para no volver a sufrir. No conseguía abrirse completamente por miedo, no se involucraba y sus parejas acababan perdiendo la ilusión.

En el futuro habitan el miedo y la ansiedad, y esto provoca que todo lo que hagas hoy, lo hagas condicionado por un posible futuro que aún no existe. El miedo es provocado por una percepción de peligro, que la mayoría de las veces es inexistente. Asimismo, muchos de nuestros miedos son aprendidos, no experimentados. A través de las influencias que hemos recibido de nuestro entorno, podemos tener unos u otros.

Por lo general, no vivimos en la selva enfrentándonos a grandes fieras a diario, así que no podemos decir que sean miedos innatos provenientes del afán de supervivencia del ser humano. Algunos de los miedos más comunes son: a la pobreza, a la enfermedad, a la incertidumbre, al rechazo, al abandono, a la soledad o a la muerte, aunque coloquialmente los describamos como, por ejemplo, miedo a no encontrar otro trabajo o a no encontrar otra pareja. La mayoría de estos miedos pertenecen a un futuro hipotético que se ha creado en nuestra cabeza. Vivir con la vista puesta en «lo que podría pasar» hace que dejes de vivir en la realidad para vivir en la imaginación. Tu presente se convierte en un medio para alcanzar un posible fin.

> Al desconectarnos del momento presente dejamos de disfrutar del ahora, dejamos de hacer cosas genuinas desde el corazón, dejamos de apreciar cada instante, de agradecer cada respiración y, en definitiva, dejamos de ser.

Se dice que la ansiedad es la enfermedad o epidemia silenciosa del siglo XXI. Originariamente, tanto el miedo como la ansiedad formaban parte del ser humano para protegerse ante posibles peligros. Lo que hacía que nos mantuviésemos alerta para actuar en consecuencia, huyendo, defendiéndonos o escondiéndonos, se ha convertido en el día a día de gran parte de la sociedad occidental. Ya no tienen una función adaptativa o de supervivencia, sino que parecen algo normalizado ante casi cualquier evento cotidiano.

Los pensamientos negativos nos invaden con frecuencia y crean hipotéticos escenarios que nuestra mente interpreta como realidad y que nos hacen sufrir. Es fascinante cómo nos creemos nuestros propios pensamientos y vivimos la experiencia emocional y sensorial completa, como si estuviera pasando realmente: nos sentimos nerviosos o tensos, nuestras pulsaciones se aceleran, empezamos a sudar o a temblar, nos cuesta dormir por las noches y estamos más irritables o apáticos.

ÁLVARO Y SU MIEDO IMAGINARIO

Álvaro tenía 27 años y trabajaba en el negocio familiar desde hacía dos. Tenían seis locales de productos *gourmet* distribuidos por España y me contactó porque «no sabía qué hacer con su vida», ya que había perdido la ilusión.

En la primera sesión no tenía claro el objetivo a trabajar y tampoco definimos ninguno. Me contó su situación, cómo se sentía y se juzgaba a sí mismo por cómo estaba transcurriendo su vida. Había estudiado diseño gráfico pero nunca había ejercido porque se incorporó pronto al negocio familiar. Estaba contento trabajando ahí, pues tenía un montón de ideas y proyectos para mejorar el negocio, y lo que había implementado estaba funcionando muy bien. Le pesaba bastante no haber podido hacer nada con el diseño porque era algo que le apasionaba desde pequeño.

Quise saber si su problema era que estaba heredando el negocio familiar por «obligación» o «compromiso» cuando realmente quería dedicarse al diseño, pero estaba contento con su labor y sus responsabilidades, aunque tenía una extraña sensación de fracaso.

Al preguntarle por su situación ideal, Álvaro me dijo que le encantaría hacer las dos cosas. Realmente solo necesitaba trabajar de 10:00 a 14:00 con su familia, ya que estaba todo bastante encaminado, y podía dedicarse al diseño gráfico por las tardes. ¿Qué provocaba que no lo estuviera haciendo ya? El miedo. Como sabemos, el ego vive desde el miedo, necesita estar en su zona de confort para sentirse tranquilo, y en un negocio familiar conocido se está muy a gusto, pero emprender tu propio negocio da mucho vértigo. Conectando con sus miedos, había uno muy fuerte y arraigado que mostraba que Álvaro estaba viviendo en un futuro imaginario. Más allá del típico miedo al fracaso, tenía el de arruinarse. Creía que la situación socioeconómica general no le permitía plantearse una estrategia a largo plazo, porque muy pronto nuestro país se vería abocado a la miseria. Álvaro estaba dejando de emprender una profesión que le apasionaba, sin más limitaciones que lo que podía llegar a pasarle en un futuro al país, dadas sus creencias politicoeconómicas.

RECUERDA QUE...

— El ego vive en el pasado y en el futuro.
— En el pasado habitan la tristeza, el rencor, el odio, la frustración y la culpa.
— En el futuro habitan el estrés y la ansiedad.
— Tu verdadero ser solo puede vivir en el presente.
— El presente es la única realidad.

LA SUMISIÓN A LA AMBICIÓN

Recuerdo una de las primeras charlas que tuve con mis amigas cuando empezamos a tener relaciones sentimentales. Hablábamos de qué era importante para nosotras, qué características tenía que tener nuestra pareja y qué nos gustaba a cada una. Todas coincidíamos en algo: tenía que tener ambición. Pero ¿qué significa exactamente tener ambición?

Creo que detrás de la ambición se esconde la voluntad de tener poder. Solemos relacionar el poder con el éxito, el respeto, la superioridad... y podemos querer tenerlo consciente o inconscientemente. Socialmente parece algo positivo, como si la persona ambiciosa fuera a contribuir a hacer un mundo mejor y sin ambición fueras a ser un parásito de la sociedad, que no contribuye ni aporta. En mayor o menor medida, nos hemos creído ese cuento y tenemos la necesidad de llegar a ser alguien. Pero alguien, ¿según quién?

La ambición y el poder no tienen límites. Una vez se alcanza un escalón, se pone el foco en el siguiente, y así hasta el infinito, o hasta que te das cuenta de la cantidad de vida que has perdido por poner tu energía en el foco equivocado. La frustración, el miedo al fracaso, las preocupaciones y el estrés acaban dominando tu vida. La tranquilidad, la paz interior, la alegría, la dicha o la felicidad no están en ir consiguiendo objetivos que te hagan ser más poderoso o que te posicionen por encima de los demás o hagan que seas reconocido por las masas. Eso es orgullo, un fiel compañero del ego. Es otra trampa de la vida que nos hace creer que todo aquello que anhelamos, deseamos o necesitamos está fuera de nosotros.

Buscamos tener éxito a toda costa (y, por supuesto, el reconocimiento que conlleva) porque eso nos hará sentirnos orgullosos e importantes, mejores que los demás. Pero el éxito hay que mantenerlo, si no el sentimiento de fracaso se apodera rápidamente de tu ego.

MI AMIGO Y SU EMPRENDIMIENTO
AMBICIOSO

Un amigo mío me preguntó hace poco por qué creía que la ambición era cosa del ego si gracias a ella podíamos conseguir nuestras metas, tener una motivación o superarnos día a día. Comentó que, independientemente de si la ambición viene de un proyecto profesional o personal, nos hace sentir vivos y sin ella nos sentimos vacíos, estancados, deprimidos. Yo intento ser una persona cautelosa dando mi opinión (aunque no siempre lo consigo) para no influenciar o condicionar las decisiones de nadie; al fin y al cabo, las opiniones son simplemente eso, en ningún caso son la realidad, ¿verdad? Pero no veía a mi amigo feliz. Le están empezando a ir bien las cosas en su negocio y sin duda está motivado para continuar, pero ¿a qué precio? Trabaja veinticuatro horas al día los siete días de la semana. Ha renunciado a gran parte de su vida personal. Apenas puede pasar tiempo con su pareja y están en crisis desde que empezó con su negocio. Ya no tiene casi tiempo para ver a su familia o a sus amigos. Y lo más importante, ya no tiene tiempo para él. La ambición por conseguir el éxito profesional en su propio proyecto está siendo más importante que su felicidad. ¿Y acaso hay algo más importante en esta vida que ser feliz? Yo creo que no, pero sigue siendo mi opinión.

La ambición es algo con lo que hemos crecido, siempre teniendo que superar fases para pasar al siguiente nivel, como en los videojuegos. Desde pequeños competimos en el colegio por las notas, se nos evalúa según tengamos mayor o menor conocimiento, competimos entre colegios y universidades a ver quién se gana el mayor prestigio. Llegamos a un puesto de trabajo y siempre estamos pensando en subir al siguiente, júnior, sénior, mánager, gerente, director. Y según conseguimos nuestras «ambiciones» nos vamos sintiendo más poderosos. Pero, como decía antes, nunca es suficiente, siempre habrá alguien o algo mejor, siempre estaremos comparándonos con el de al lado, que tiene más éxito, y siempre habrá cierto sentimiento de insatisfacción.

Nos obsesionamos con un objetivo, con un resultado concreto, con un fin, y lo que pasa mientras tanto deja de tener importancia. Dejamos de disfrutar cada día, cada hora, cada minuto y cada instante, porque tenemos que llegar a la meta, olvidándonos del camino, que es lo único real. Nos han enseñado que hay que luchar, sacrificarnos y sufrir para conseguir aquello que deseamos.

Se nos olvida vivir y hacer lo que realmente nos hace felices, aquello que hacemos con amor sin importar el resultado.

Ahora está de moda decir que cierto grado de ansiedad es bueno, porque nos predispone a la acción, nos ayuda a conseguir objetivos, porque forma parte de nuestro instinto de supervivencia ante el peligro y es algo natural. No sé cómo llegué a esta conclusión hace algunos años, pero no soy capaz de comprar este argumento. Me siento plena sintiéndome en paz, sin estrés, sin presión, sin sufrimiento. No quiero ni un poquito de ansiedad en mi vida e intento trabajar en mi día a día para sentirme bien conmigo misma y con lo que hago, desde el amor y el respeto, no desde el error o la carencia. Creo que es muy difícil saber qué es aquello que podemos hacer desde el amor sin importar el resultado por el nivel de condicionamiento que tenemos. Acabamos haciendo lo que la sociedad o nuestro entorno consideran válido.

> Nos enfocamos en mejorar y crecer para «conseguir ser» sin darnos cuenta de que «ya somos».

Esto no quiere decir que tengamos que quedarnos en el sofá de nuestra casa como si fuéramos una ameba. Podemos tener interés y motivación en hacer aquello que amamos por el simple hecho de disfrutarlo, pero sin sufrimiento, frustración, sacrificio, y sin estar enfocados en conseguir algo o en ser alguien. Sin demostraciones, sin premios o recompensas, sin comparaciones. Simplemente disfrutando de ese momento que te llena de dicha, de paz, de alegría. Simplemente siendo, sin olvidarnos nunca de nosotros mismos.

RECUERDA QUE...

— La necesidad de poder pertenece al ego.
— La ambición busca la riqueza, la fama o el poder.
— Para la ambición nunca nada es suficiente, siempre quiere más.
— La consecución de objetivos ambiciosos no hará que te sientas realizado, nada externo a ti conseguirá que te sientas completo.

PARTE II

YO, MÍ, ME, CONMIGO

1
El centro del universo

A lo largo de la primera parte he mencionado varias veces el egocentrismo del ego. El ego es egocéntrico, así que piensa, siente y actúa como si todo girara en torno a él o como si todo tuviera que ver con él, haciendo que te tomes las cosas de manera personal, como si fueras el foco de todas las miradas, preocupaciones y atenciones. No tomar los comentarios o las acciones de los demás como algo personal debería ser un mantra para todos. Dios mío, ¡cuánto sufrimiento nos ahorraríamos!

En cualquier tipo de relación, ya sea familiar, de amistad, de pareja, laboral o simplemente humana, tendemos a tomarnos las cosas de manera personal. Parece que todo el mundo quiere atacarnos en algún momento, o que puede hacernos daño con facilidad, o cabrearnos por un montón de faltas de educación, respeto o consideración hacia nosotros.

Pero la realidad es que cualquier sentimiento que nos genere cualquier persona, en realidad nos lo estamos generando nosotros mismos al interpretarlo todo como si tuviera que ver con nosotros.

LOS JEFES TÓXICOS

Un ejemplo muy recurrente en mis sesiones de *coaching* es el estrés o la ansiedad que genera tener un jefe «tóxico». Si has tenido alguno te habrás dado cuenta de que siempre tiene un comentario negativo que hacer sobre tu trabajo, tu presentación, el informe que tenías que entregar o tu falta de competencias. Quizás sea un tanto agresivo y se dirija a ti con cierto desprecio o, lo que es peor, haga que te cuestiones tu valía. Si te sueles tomar las cosas como algo personal, además de desmotivarte, puede dar un buen golpe a tu autoestima.

Y me dirás, «ya, María, pero cómo no me lo voy a tomar como algo personal si se dirige explícitamente a mí y me dice que yo soy un inútil». Y aquí es donde toma posesión el egocentrismo. Probablemente esta situación con tu jefe te esté causando bastante sufrimiento o, al menos, incomodidad. Quizás te haya dejado alguna que otra noche sin dormir, o quizás te haya afectado tanto anímicamente que no tienes ganas de nada. Sin embargo, lo más probable es que él no haya vuelto a pensar en ti desde que te hizo ese comentario y ni se acuerde de que existes hasta que te ve la cara en la oficina al día siguiente.

Da igual que seas tú o sea Fulanito: una persona así va a desprender toxicidad a prácticamente cualquiera que se interponga en su camino. Y aquí está el quid de la cuestión: el problema no es contigo, te ha tocado a ti por ser parte de su equipo. El problema es consigo mismo.

Las personas tóxicas son personas heridas e inseguras. La gente no nace siendo tóxica, se hace tóxica o se comporta de forma tóxica, y el origen de esa toxicidad es el sufrimiento. En el fondo suelen ser personas que no se sienten nada bien consigo mismas o con su vida, y no se hacen responsables de su bienestar porque el culpable siempre es otro, la queja forma parte de su día a día, prefieren criticar a elogiar. Quizás tengan una baja autoestima o hayan pasado por algún acontecimiento doloroso que les hace comportarse así.

De todos modos, su toxicidad dependerá de cómo te tomes las cosas. Por eso hay personas a las que parece no afectarles en absoluto. Si los comentarios de tu jefe te hacen cuestionarte tu valía o tu trabajo, te estás tomando las cosas de manera personal y quizás tengas que trabajar en tus inseguridades cuando lo que opina tu jefe tiene más peso que tu propia opinión sobre ti mismo. Sin embargo, si consigues ir más allá y ver que el tema no va contigo, que él o ella es una persona tóxica y que la influencia que tiene sobre ti depende del poder y de la atención que decidas darle, todo cambia.

> Dejar de tomarnos las cosas como algo personal nos hace libres.

Cuando eres capaz de ver más allá y empatizar con la otra persona (por muy desagradable que sea), te das cuenta de que el problema no es tuyo, y que la manera en que esa persona te juzga tiene que ver con cómo es ella, no tú. Dejamos de poner el foco en nosotros mismos y lo ponemos en quien nos está incomodando, para dejar el egocentrismo de lado y poder ver las cosas con perspectiva.

Este egocentrismo también es responsable de los conflictos que tenemos en nuestras relaciones. Como sabes, el ego siempre juzga y cree que su sentido de la justicia, de lo que está bien o mal, de lo que es mejor o peor, es el único y verdadero. No olvides que para el ego «tu realidad es la realidad». Cuando entramos en una discusión es el ego quien está presente defendiendo su verdad.

El ego siempre juzga y se siente juzgado todo el tiempo, y eso causa mucho dolor.

UNA RUPTURA INFERNAL

Hace años tuve una compañera de trabajo, con la que tenía mucha confianza, que lo dejó con su pareja de hacía ocho años. Más bien, él la dejó a ella porque ya no estaba enamorado. Como es lógico, fue un momento muy doloroso y difícil en su vida, ya que toda ruptura implica una pérdida y su duelo correspondiente. Hasta aquí todo normal.

Pero iban pasando los meses y parecía no levantar cabeza. Muchos viernes nos íbamos de cervezas después de trabajar y su «discurso» era siempre el mismo: «Por qué me tiene que pasar esto a mí», «Es lo peor que me ha pasado en la vida», «No voy a superarlo nunca», «Llevaba tiempo sin quererme y no tuvo el valor de decírmelo antes», «Mis amigas no empatizan con mi dolor», «Mi situación es mucho peor que la de Fulanita»...

Su diálogo interior estaba enfocado en cómo la vida y el universo habían podido hacerle eso a ella, en cómo su expareja podía causarle tanto daño y cómo la gente de su alrededor debería apoyarla más porque su problema era mucho más importante que los que tienen los demás. El mundo entero estaba en su contra. El universo entero giraba en torno a ella.

Este egocentrismo la tenía anclada a la «tragedia de su vida». La responsabilidad de su bienestar o malestar la ponía siempre fuera (en el universo, en su expareja, en su madre, en sus amigas...) y eso hacía que no avanzara. Era una pobre víctima de la vida.

La realidad es que el mundo no gira en torno a uno mismo. El universo no conspira contra nadie. Las personas tienen derecho a enamorarse y desenamorarse. Tus problemas no son más importantes que los de los demás. Y la gente no tiene que salvarte ni estar pendiente de ti 24/7.

A MANUELA LA DEJARON POR WHATSAPP

Es muy frecuente que acudan a mí personas que están viviendo una ruptura amorosa. Hacía tres días que la pareja de Manuela la había dejado y lloraba desde entonces. Tenía 34 años y había estado con su pareja los últimos nueve.

En la primera sesión me puso en contexto: cómo se sentía, cómo había sido su relación, sus idas y venidas, sus dudas, sus miedos, y qué había pasado entre ellos en el último año. Al hablar del momento de la ruptura enseguida me dijo: «¡Lo más fuerte es que me ha dejado por Whatsapp!». Y se puso a llorar.

Normalmente ante este tipo de «formas de cortar» nos echamos las manos a la cabeza: «¡Qué poca vergüenza!», «¡Esto es lo que he significado para él!», «¡Ni se ha molestado en darme una explicación a la cara, después de todo lo que hemos vivido!», «¡No me respeta ni un poco!»… Y un largo etcétera de «cómo me hace esto a mí».

Nuestro egocentrismo se hace con el poder y todo gira en torno a nosotros. La forma en que te dejen no va a cambiar la situación, esa persona no va a cambiar de opinión al hablar frente a frente y tampoco te va a decir nada diferente. La consecuencia va a ser la misma. La relación se ha terminado.

El modo de acabar con una relación tiene que ver con la persona que deja, no con la persona que es dejada. Es decir, no te escribe por mensaje porque no te respete o no hayas significado nada para ella. Te deja por mensaje porque no tiene el valor de hacerlo cara a cara, porque tiene miedo a tu reacción, porque no sabe cómo afrontar una ruptura en persona, porque su inteligencia o gestión emocional cojea o porque no se siente capaz.

Con este ejemplo quiero hacer una confesión: yo también lo he hecho. Y por supuesto que tenía que ver conmigo y no con mi pareja. Yo no pensaba «lo voy a dejar por mensaje porque no se merece otra cosa», si no que era una decisión tan difícil y tan dura para mí que no tuve la valentía de enfrentarme a la situación en persona. Tenía miedo de derrumbarme, de no poder expresar lo que realmente pensaba o sentía, de tener tanta pena que me pudiera echar atrás… En aquel momento tenía una capacidad limitadísima de expresión emocional. Yo sentía muchas cosas, pero no las compartía y no sabía cómo hacerlo. En mi casa no se expresaban las emociones. Así que para mí era lo fácil.

¿Cuándo somos egocéntricos?:

— Cuando nos tomamos todo de manera personal.
— Cuando creemos que nuestra «verdad» es la única realidad.
— Cuando consideramos que nuestro punto de vista es más válido o relevante.
— Cuando creemos ser o queremos ser el centro de atención.
— Cuando consideramos que los demás deberían dar más importancia a nuestros problemas.
— Cuando nos sentimos atacados ante cualquier comentario.

RECUERDA QUE...

— El mundo y las personas no giran a tu alrededor.
— Cada persona tiene sus propias preocupaciones y luchas.
— Lo que diga u haga otra persona contra ti tiene más que ver con cómo es ella que con cómo eres tú.
— Los demás no te hacen daño, tomarte las cosas de manera personal sí.
— Cuando discutes, es tu ego quien discute por tener razón.
— Tu realidad es igual de importante que la de cualquier otra persona.

2

Detrás de un gran ego hay una gran inseguridad

Quiero dedicar un capítulo a este tipo de ego porque es el que más fácilmente reconocemos y de los más difíciles de tratar o soportar cuando lo vemos en otras personas.

Socialmente solemos asociar el ego con la soberbia. Habrás dicho o habrás oído más de una vez decir: «¡Qué ego tiene!», o «¡Tiene mucho ego!» para definir a personas prepotentes, altivas u orgullosas. Es la forma más común que tenemos de reconocer al ego en Occidente, pero, como hemos visto antes, solo es un tipo de ego. Además, si eres tú mismo quien lo tiene, probablemente te aferres mucho a él, ya que da una falsa sensación de seguridad y poder.

Las principales características de las personas aquejadas de esta clase de ego son:

Se creen mejores que los demás: Son personas arrogantes que se consideran superiores al resto. Ya sea por sus cualidades o rasgos físicos o capacidad intelectual, por logros obtenidos o por seguridad proyectada. Han establecido una vara de medir qué es mejor y qué es peor, y consideran (o quieren creer) que están por encima del resto.

No reconocen sus errores: Les cuesta mucho admitir una equivocación y suelen echar balones fuera, culpando a los demás o a causas externas. Sin embargo, si hacen algo bien o destacable, buscan el reconocimiento. Al tener la falsa creencia de que nunca se equivocan, pueden creerse sus propias mentiras de cómo han sido las cosas.

Creen que siempre tienen razón: Piensan que sus creencias o juicios son una realidad y discutirán un tema el tiempo que sea necesario hasta conseguir que les den la razón. «Ganar» o «tener razón» forma parte de su identidad, así que harán lo posible para convencerte. Incluso pueden hacerte dudar de ti mismo ante tanta seguridad.

Les cuesta pedir perdón: Al no reconocer sus errores, les cuesta admitir que se han equivocado y pedir perdón lo consideran como un esfuerzo y un fracaso. Pueden hacerlo y puede ser un perdón sincero, pero no se sentirán nada cómodos.

Suelen ser hirientes: Para recalcar su posición de superioridad, pueden menospreciar y devaluar a cualquier persona. El fin justifica los medios. No es algo que hagan de manera personal, sino que es su forma de reivindicar su poder.

Son competitivos: En su afán por demostrar que son los mejores, suelen ser bastante competitivos. Buscan el reconocimiento ajeno y cualquier oportunidad donde se sientan seguros es buena para demostrar su valía. Ahora bien, si no se sienten seguros, la competitividad desaparece de inmediato.

La soberbia cumple con todos los requisitos del ego en su máxima potencia, quizás por eso sea el ego que más reconocemos: busca reconocimiento, actúa desde el miedo y el control (miedo a caer de su propio pedestal), emite juicios creyendo que *su* realidad es *la* realidad, se identifica con lo que hace y con lo que tiene, y suele vivir de glorias del pasado y proyecciones del futuro.

No podemos olvidar que el ego juzga, el ego valora, e igual que una persona soberbia se valora por encima del resto, el ego también puede hacer que te valores por debajo, como podremos ver en el capítulo de la autoestima. Si no cumplimos con las características de una persona soberbia, no quiere decir que no tengamos ego o que tengamos un ego bajo; simplemente tenemos un ego diferente.

LUCÍA Y SU SOBERBIA

Lucía acudió a mí porque su pareja le había dado un ultimátum. O cambiaba de actitud o terminaban la relación. Me contó que el problema venía de su forma de reaccionar ante un conflicto, ya que perdía los nervios muy fácilmente y decía cosas hirientes que realmente no sentía pero molestaban a su pareja (y a las personas de su alrededor, en general).

Decía que solía reaccionar así cuando algo le parecía injusto o cuando le llevaban la contraria y sabía que «tenía razón». No podía entender cómo en cosas tan obvias su pareja pensaba diferente.

Lucía creía ser más inteligente que él y que por eso el noventa y nueve por ciento de las veces tenía razón. También creía que en algunas situaciones no la valoraba lo suficiente y que la juzgaba, por lo que sentía rabia y tristeza con bastante frecuencia. Podríamos decir que Lucía explotaba cuando no le daba la razón, las cosas no se hacían como ella quería, algo le parecía injusto o cuando se sentía juzgada y atacada.

Su reacción principal era responder con agresividad. A veces levantando la voz y otras atacaba a su pareja con aquello que sabía que le hacía daño. Casi siempre se arrepentía después, pero su novio estaba cansado.

Sin embargo, tenía otras «características» que, desde fuera, no eran muy compatibles con esa fachada de fuerte, pragmática y decidida. Siempre intentaba solucionar los problemas de los demás, los priorizaba antes que a sí misma, le costaba expresar sus sentimientos, quería más amor y comprensión y tenía miedo a mostrarse vulnerable.

Debajo de esa fachada de tipa dura y arrogante había una nube de azúcar que buscaba la validación y el cariño de los demás. Su ego había formado ese personaje que le hacía desconectarse de sí y de los demás, pero que era su forma de protegerse.

Cuando se dio cuenta de que vivía tras una careta, me dijo: «No sé quién soy pero no quiero seguir siendo así». Así que el resto de sesiones las centramos en un proceso introspectivo y de autoconocimiento para que pudiera conectar con ella misma y quitarse la careta que tanto le pesaba. Trabajamos el poder de la vulnerabilidad y del amor propio.

Asimismo, hay una línea muy fina entre la soberbia y el narcisismo. Una persona narcisista sin duda será soberbia, pero una persona soberbia no tiene por qué ser narcisista. El narcisismo está tipificado como un trastorno de la personalidad.

Las personas narcisistas se caracterizan por cumplir con la mayoría de los siguientes puntos definidos en el DSM-V (Manual Diagnóstico y Estadístico de Trastornos Mentales, quinta edición, por sus siglas en inglés):

— Tienen sentimientos de grandeza y prepotencia.
— Suelen estar absortas en pensamientos de éxito, poder, brillantez, belleza o amor ideal ilimitado.
— Se creen especiales y únicas.
— Tienen una necesidad excesiva de admiración.
— Creen tener privilegios, como si se las debiera tratar de forma más favorable que al resto.
— Se aprovechan de las demás personas para sus propios fines.
— No sienten empatía.
— Envidian a las otras personas o creen que estas las envidian a ellas.
— Tienen actitudes arrogantes y de superioridad.

Tanto la soberbia como el narcisismo suelen camuflarse como una autoestima excesivamente alta —que estamos acostumbrados a identificar como ego—, pero muchos autores están de acuerdo en que, en realidad, bajo esa fachada de superioridad se esconde una persona insegura con una autoestima frágil y vulnerable a la opinión de los demás. Y analizándolo bien, para mí tiene bastante sentido.

Te lanzo la siguiente reflexión. Una persona segura de sí misma, con un sólido amor propio, ¿tiene que demostrar algo a alguien? ¿Necesita quedar por encima de los demás?

¿Le importa que le des o no la razón? Si te das cuenta, este tipo de actitudes o conductas están muy enfocadas en el exterior, en ser visibles, importantes, en que se las reconozca y aplauda. ¿Qué necesidad tiene una persona segura de ser aplaudida o venerada por los demás?

Ahora bien, aunque entiendas qué hay detrás de una persona con un ego soberbio, si tienes la mala suerte de tener que lidiar con alguien así en tu día a día, te dejo los siguientes *tips*:

1. *No te lo tomes como algo personal*: Una persona soberbia o narcisista puede hacer que te sientas humillado, devaluado o menospreciado con mucha facilidad. Sé que es mucho más difícil no tomarse las cosas como algo personal cuando el ataque va dirigido a ti especialmente, pero, aun así, no es personal. Te ha tocado a ti porque eres la persona que estaba en su camino en ese momento, pero podría haber sido cualquiera. El problema no lo tienes tú, lo tienen ellos con el mundo y consigo mismos.

2. *No entres al trapo*: Cuando te toca lidiar mano a mano con este tipo de personas evita meterte en su rollo. Si ves que se han obcecado con algo, déjalas con su lucha y no intentes dialogar o defender aquello en lo que no estáis de acuerdo. Es una pérdida de tiempo y de energía brutal, y la otra persona no va a salir de su propia realidad. Es mucho más importante tu paz que tener razón.

3. *Sé honesto*: Tanto con los elogios como con las críticas. Recuerda que les cuesta reconocer los errores, así

que ser lo más sincero posible siempre será un golpe de realidad si conseguimos hablar desde los hechos y no desde nuestros propios juicios.

4. *Establece límites claros*: Por mucho que nos mantengamos al margen y no entremos en su juego, muchas veces es necesario poner límites. El primer paso es tener claro cuáles son los tuyos, por dónde sí y por dónde no puede ir esa persona y qué es aceptable o no para ti. Expresa qué opinas, cómo te sientes y cómo ves las cosas. Di «no» sin miedo, es una forma de respetarte y de priorizarte frente a los demás.

5. *Empatía y compasión*: Este es el paso más difícil, pero diría que el que más paz aporta. Si no quieres hacerlo o no tienes las ganas o el tiempo necesario para empatizar y ser compasivo, es perfectamente respetable. Pero recuerda que realmente el problema lo tienen ellos y de ti depende cómo te afecte su actitud. Si somos capaces de quitarles esa capa de soberbia que oculta todo su ser, encontraremos a una persona vulnerable e insegura que necesita ser reconocida. Y que detrás de toda esa fachada de seguridad y prepotencia, probablemente haya dolor y sufrimiento. Además, si a ti te cuesta aguantarlos, ¡imagínate a ellos, que tienen que aguantarse a sí mismos!

CLARA ERA MEJOR QUE LOS DEMÁS

Me gustaba mucho trabajar con Clara porque estaba bastante metida en el mundo del ego. Me había hecho algunas preguntas antes de contactar conmigo para hacer un proceso y estaba muy involucrada con su desarrollo personal.

Identificaba muy bien sus patrones heredados y cómo se había ido formando su ego, pero había algo que la atormentaba. Seguía creyendo que era mejor que los demás y no sabía cómo deshacerse de ello.

Su reflexión era la siguiente: «Soy buena persona, buena amiga, buena hija y hermana. También considero que soy buena esposa y una buena madre para mis hijos. No suelo hacer daño a nadie. Me trabajo a mí misma diariamente. He sido buena estudiante y soy buena trabajadora. Se me dan bien los deportes y cada vez me siento más conectada conmigo misma. Si me comparo con la media, creo firmemente que soy mejor que los demás».

Este discurso salía del ego de Clara. En ningún momento su verdadero ser estaba dando su opinión. Más concretamente, era el ego espiritual de Clara (del que te hablaré más adelante). Es una especie de falsa modestia donde el ego se esconde genial.

En el caso de Clara, esta tenía una autoexigencia oculta tremenda. Se pedía mucho a sí misma en todos los ámbitos de su vida y su desarrollo o crecimiento personal no iba a ser menos. No se permitía demasiado hacer las cosas mal, y como sabía que creerse superior era algo del ego, tenía que remediarlo lo antes posible.

Por dar una definición de lo que es ser una buena o mejor persona: es un juicio que emite el ego. ¿Según quién se es mejor que los demás? ¿Quién ha definido esos estándares?

¿Quién establece que una vida u otra sea mejor? ¿Dónde está la felicidad en esos criterios? ¿Y la paz interior? La identificación con una serie de rasgos y características no nos define y establece nuestro valor. Porque igual que hoy puedes ser una buena trabajadora, el día de mañana puedes no serlo, y eso no te convierte en alguien peor o hace que valgas menos. Tu valor no cambia.

Cada persona vive su proceso de vida, y aunque cueste entenderlo, es perfecto tal y como es.

RECUERDA QUE...

— La soberbia suele ser una forma de protección ante las inseguridades.
— La soberbia esconde una necesidad de reconocimiento.
— Las mejores armas ante una persona soberbia son los límites y la compasión.
— Nunca te tomes el ataque de una persona soberbia como algo personal.
— La soberbia solo puede habitarse desde el ego, la desconexión con el ser suele ser muy grande.

3
¿QUÉ PASA CON LA AUTOESTIMA?

Como hemos visto en el capítulo anterior, solemos creer que el ego es tener la autoestima demasiado alta, pero esto genera confusión y hace que no entendamos bien el concepto para poder trabajarlo y alcanzar nuestra verdadera paz interior.

Yo siempre había asociado el ego con creerse mejor que los demás, quererse demasiado o querer tener siempre la razón, por eso el ego era cosa solo de unos pocos.

Todos tenemos ego, independientemente de nuestra autoestima. Probablemente vivas más desde el ego con una autoestima por los suelos que con una autoestima sana. El ego no depende de cuánto te quieras a ti mismo o de cuánto te valores.

Como expliqué al principio, el ego es ese personaje que crees que eres, es tu «falso yo», que hace que te identifiques con creencias, etiquetas y cosas externas a ti que nada tienen que ver con tu verdadero ser. Creo que una vez que conseguimos identificar al ego y pararle los pies, el noventa por ciento de los motivos que nos causan rabia, dolor o sufrimiento desaparecen y nuestra autoestima se equilibra y restablece.

La autoestima es la valoración que haces de ti mismo, de aquello que ves cuando te miras al espejo. Tiene que ver con cómo valoras aquellas características, rasgos o aptitudes con los que te defines o identificas, es decir, con cómo valoras tu autoconcepto. En el ejemplo de Clara, que quería dejar de creerse mejor que los demás, podríamos decir que tenía una autoestima sana, ya que hacía una valoración positiva de su autoconcepto.

Para no complicarlo demasiado, podemos hablar de una autoestima alta, media o baja. El narcisismo suele considerarse como una autoestima alta extrema, pero, como ya hemos visto en el capítulo anterior, no es tener la autoestima demasiado alta.

Cuando trabajo la autoestima con mis clientes, al principio del proceso siempre les pido que valoren la suya del uno al diez para que así tengamos una guía y podamos ver cómo avanzar. Luego les pregunto dónde les gustaría tenerla. Solo ha habido una clienta que me ha dicho que en diez. Normalmente esta cifra se juzga como excesiva. Excesiva, ¿por qué? ¿No podemos valorarnos plenamente? ¿Tenemos que devaluarnos unos puntos o unas décimas? Demasiado, ¿para quién? Aquí entran en juego los juicios de cada uno sobre «quererse demasiado», «ser humilde» o «ser realista». Para mí, el quererse «demasiado» no tiene sentido. No creo que nadie deba quererse menos en ningún caso, y si tienes la suerte de quererte plenamente, creo que lo has entendido todo. Quererse un diez no implica creerse mejor que nadie, es una relación contigo mismo, no con los demás.

El amor no tiene connotaciones negativas ni límites.

Guía para valorar tu autoestima

Si tienes una autoestima baja, te sentirás identificado con la mayoría de los siguientes puntos:
- No crees en tus capacidades ni confías en ellas.
- Te cuesta encontrar tus virtudes y fortalezas.
- Te afecta mucho equivocarte, ya que lo ves como un fracaso.
- Te comparas con los demás frecuentemente.
- Sueles ser bastante crítico contigo mismo y con los demás.
- Tiendes a preocuparte demasiado por las cosas.
- Sueles sentirte ansioso, con estrés, triste y frustrado.
- Buscas la aprobación de los demás.
- Sueles ser una persona tímida en eventos sociales.
- Te afecta mucho la opinión de los demás.
- Te centras mucho en tus errores o defectos.
- No tienes grandes aspiraciones u objetivos.
- Sueles dudar mucho a la hora de tomar decisiones.
- Sueles considerarte una víctima de las circunstancias, de las personas o de la vida.

Si tienes una autoestima alta, te sentirás identificado con la mayoría de los siguientes puntos:
- Confías en tus capacidades y crees en ti.
- No tienes miedo a equivocarte, ya que cualquier error es un aprendizaje.
- No te cuesta tomar decisiones ni asumir riesgos.
- Tienes objetivos ambiciosos.

— Te cuidas física, psicológica y emocionalmente.

— Tienes claras y valoras tus virtudes y tus fortalezas.

— No te centras en tus defectos.

— Te haces responsable de lo que te pasa y de tus emociones.

— Te gusta empoderar a los demás.

— Sueles sentirte feliz, en armonía y en paz.

— Te rodeas de personas que te aportan y enriquecen.

— No te comparas con los demás, te comparas contigo mismo.

Y si tienes una autoestima media, te sentirás identificado con la mayoría de los siguientes puntos:

— Tienes confianza en tus capacidades, tus virtudes y tus fortalezas, pero puedes dudar de ellas si alguien te las cuestiona o algo no te sale como te gustaría.

— Aparentemente, te muestras y te perciben como una persona segura, y te sientes así gran parte del tiempo, pero los comentarios ajenos pueden generarte inseguridades y hacer que dudes de ti mismo.

— Eres capaz de tomar decisiones con cierto riesgo, aunque lo piensas y lo dudas mucho.

— Actúas según tus principios y valores, aunque los demás no lo vean igual.

— Aceptas el error como un aprendizaje y no como un fracaso.

— Te consideras igual de válido que el resto y eres consciente de tu potencial, de tus virtudes, defectos y áreas de mejora.

— Te gusta ayudar a los demás y no sueles criticar.

— Te importa la opinión de los demás, pero no sueles ponerla por encima de la tuya.

Una vez identificada cómo está tu autoestima, conviene hacer la siguiente reflexión: ¿A qué le das valor? ¿Qué valoras en las personas?

Si tuviera que decir qué creía que era valorable cuando era más joven (porque era algo que parecía importante en mi familia), diría que la inteligencia, la educación, las notas, los títulos y el trabajo. Toda mi adolescencia estuvo marcada por demostrar lo inteligente que era, por entrar en una buena carrera de una buena universidad, por conseguir títulos o certificaciones y poder entrar en una buena empresa. En definitiva, por buscar ese reconocimiento social a través de potenciar lo que yo creía que era valorable. Al ir consiguiendo mis objetivos, creía que mi valor era mayor y por supuesto me identificaba con todo ello, formaba parte de mi identidad.

Cada uno de nosotros empieza dando valor a aquello que nos han inculcado desde pequeños y de nosotros depende cuestionarnos todas esas creencias que se han ido instalando en nuestra mente. ¡Ojo!, también hemos podido heredar o nos han podido transmitir creencias o juicios con los que nos sentimos completamente conectados. Por ejemplo, mi padre siempre ha hecho mucho hincapié en lo importante que es ser buena persona y hacer con los demás lo que te gustaría que hicieran contigo. Y mi madre no ha dejado de repetirnos lo importante que es ser una persona libre e independiente. Ambos han contribuido a que mi hermana y yo hayamos crecido con una autoestima relativamente sana y, aun siendo creencias heredadas, me gustan y me siento en coherencia con ellas.

Cuando empecé a cuestionarme muchas de las creencias que había heredado de mi entorno empecé a darme cuenta de que la mayoría de las cosas eran subjetivas según los ojos que miraran.

Un día estaba paseando con uno de mis mejores amigos y le pregunté: «¿Qué es para ti ser una persona inteligente?». Se quedó pensando unos segundos y me dijo: «Que te dejen en medio de un bosque, sin agua ni bebida ni refugio, y puedas sobrevivir». ¡BUM! Según esta interpretación, yo, que me creía una chica inteligente, estaba bastante limitada. Es más, hoy se dice que existen ocho tipos diferentes de inteligencia.

Pero más allá de eso, ¿realmente valoro a las personas según su nivel de inteligencia? Por suerte, puedo decir que hoy no. Hoy valoro a las personas por su bondad, su generosidad, su humildad, su pureza. Y quizás mañana por algo diferente. Cada uno de nosotros puede dar valor a lo que considere oportuno, pero es importante que sea algo genuino, que salga de ti, no algo impuesto.

En definitiva, tener una autoestima alta o sana no significa tener mucho ego. Quiérete y valórate mucho, porque vas a pasar contigo el resto de tu vida, a nadie más le corresponde esa responsabilidad.

La trampa de la autoestima

Por último, me gustaría dejar caer una pequeña bomba. Cuidado con enfocarte en la autoestima porque tiene trampa, y es algo que he descubierto hace poco tiempo. La definición de autoestima es la valoración que hacemos de nosotros mismos... pero ¿qué es una valoración? Un juicio. Yo valoro unas cosas y tú otras, y aun al considerar lo mismo, cada uno de nosotros lo valorará más o menos. ¿Y quién emite juicios? El ego. Así que parece que nuestra autoestima estará condicionada por nuestro ego, más allá del tipo de apego desarrollado en la infancia y de nuestras experiencias de vida. Entonces podríamos decir que la autoestima y el ego no son lo mismo, pero están muy conectados entre sí.

Genero mucho contenido relacionado con la autoestima, incluso tengo un *ebook, Quiérete para ser (o no) querido*, donde explico qué es, cómo se forma, se transforma y de qué manera puedes trabajarla. Es la temática que más me demandan mis seguidores al ser lo que más les afecta en su día a día, así que yo comparto información y herramientas encantada. Sin embargo, me he dado cuenta de que estamos poniendo el foco en el sitio equivocado. Si, por ejemplo, una de las cosas que más valoras es la honestidad, ¿qué pasa cuando no eres del todo honesto? ¿Qué pasa cuando pasas una mala racha que te impide actuar con honestidad? ¿Ya no tienes valor? ¿Tienes que tener la autoestima baja? Creo que podemos encontrarnos con arenas movedizas con este concepto tan necesario y al que tanta importancia le damos.

Creo que para liberarnos del ego debemos hablar de amor, y más concretamente de amor propio. Aquí no entran en juego valoraciones ni juicios, aquí el ego no tiene lugar. El amor es pura aceptación, independientemente de lo que creamos que son nuestras virtudes o nuestros defectos. Aceptarnos tal y como somos por el simple hecho de ser y reconocernos como seres perfectamente imperfectos. Esto no quiere decir que no intentemos ser nuestra mejor versión, que no tratemos de manejar nuestro ego o que no persigamos nuestros sueños, pero siempre desde el amor. La aceptación no es resignación. Creo que ahí reside la verdadera conexión con tu verdadero ser.

Ninguna persona es mejor o peor que otra. Vivimos una experiencia terrenal donde estamos en constante aprendizaje. Podemos hacer cosas que juzgamos socialmente como mejores o peores, pero eso no significa que tengamos diferente valor. Para el ser no existe tal cosa como los juicios o el valor. Recuerda, no eres lo que haces. Tú, como todos, eres amor, aunque tus circunstancias de vida te hayan desconectado de él.

RECUERDA QUE...

— La autoestima es la valoración que haces de ti mismo.

— Reflexiona sobre tu autoconcepto y sobre aquello a lo que das valor.

— Al ser la autoestima una valoración, es el ego quien está presente definiéndola.

— El amor propio está libre de juicios y valoraciones, implica la aceptación pura de uno mismo.

— No hay límites en el amor.

4

EL EGO NO ES EL ENEMIGO

Después de ver cómo nos está amargando la vida el ego, probablemente te genere de todo menos simpatía y pienses que es tu enemigo número uno. Ya sabes que personalmente creo que es el origen de la mayor parte de nuestro sufrimiento, pero no es nuestro enemigo, simplemente no hemos sabido atenderlo bien.

El ego tiene varias funciones, y quizás la más importante es la función de protección. El ego quiere protegerte, aunque no lo haga de la mejor manera y acabe haciéndote daño. ¿Te has dado cuenta de que cuando el ego aflora sueles estar a la defensiva? Es posible que también ataques, porque ante el miedo podemos defendernos, atacar o huir. El ego protege tu identidad y tu supervivencia. Es una realidad que somos seres sociales y que desde antaño necesitamos la ayuda mutua para sobrevivir. Así que la necesidad de aceptación no es tan descabellada o incongruente como puede parecer. Ser excluido o desterrado de un grupo podía suponer la propia muerte.

Por otro lado, el ego capta, analiza y retiene información que nos sirve para desenvolvernos en nuestro día a día. Como comentábamos al hablar de los juicios, servirnos de información que hemos ido aprendiendo nos ayuda a simplificar la vida. Si viviéramos sin juicios, interpretaciones u opiniones, tardaríamos un montón en analizar cada situación o circunstancia y no nos daría tiempo a nada. Gracias a nuestros juicios podemos filtrar a personas —aunque muchas veces nos equivoquemos—, podemos evitar el peligro o tomar decisiones de una forma más eficiente.

Nuestros juicios y nuestras creencias nos ayudan también a sentirnos en armonía con nuestra forma de ver el mundo y sobre todo con nuestros valores. Los valores son muy importantes, ya que nuestra vida gira en torno a ellos y nos ayudan a sentirnos en paz. Sin querer entrar demasiado en el tema, conviene revisar si nuestros valores son realmente nuestros o han sido impuestos por nuestra familia y la sociedad. Nuestra conexión con nuestros valores tiene que ser plena, sin miedos o condicionamientos. Asimismo, es importante entender que nuestros valores no son mejores o peores (ego) que los de los demás y que tampoco son la realidad, pero nos ayudarán a estar en paz con nuestra vida y con nosotros mismos.

Por otro lado, como hemos visto en el capítulo anterior, el ego puede influir positivamente en nuestra autoestima, que, como sabes, es la valoración que hacemos de nosotros mismos. Recuerda: ¿qué es una valoración? Un juicio. Lo que es bueno o mejor para mí no tiene por qué serlo para ti, pero si nos valoramos positivamente, tendremos relaciones más sanas con los demás y con cualquier área de nuestra vida.

Así que no se trata de culpabilizar u odiar al ego por todo

el sufrimiento que nos causa, sino de reconocerlo, abrazarlo y decirle: «Gracias por intentar protegerme y cuidar de mí, entiendo que en ningún caso quisiste hacerme daño, ahora soy capaz de ser consciente para tomar mis propias decisiones libremente desde el amor y no desde el miedo. Seguiremos caminando juntos pero ahora estaré presente».

Nuestro ego va a ser nuestro compañero de vida. No podemos matarlo o eliminarlo, así que más vale que sea nuestro amigo y no nuestro enemigo, y que podamos darle el amor que siempre ha necesitado sin que tenga que buscarlo fuera.

RECUERDA QUE...

— El ego no es el enemigo.
— El ego quiere protegerte aunque no lo haga de la mejor manera.
— El ego te ayuda a analizar, procesar y guardar información útil de tu día a día.
— El ego nos conecta con nuestros valores, que guían nuestras decisiones.
— Necesitamos ser conscientes de nuestro verdadero ser para que el ego no tenga siempre el control.

PARTE III

TUS 6 PUNTOS DE DOLOR*

* Esta parte del libro es posible gracias a mis clientes y a mis seguidores de Instagram. Cuando empecé a escribir el libro necesitaba corroborar todo lo que había experimentado, aprendido y lo que me habían proyectado mis clientes, así que de vez en cuando hacía preguntas al aire a mis seguidores, del tipo: ¿qué es lo que más sufrimiento te causa? ¿Qué es lo que más emociones desagradables te genera? ¿Qué te saca de quicio? Y efectivamente, muchas de las respuestas se repetían y el ego se escondía detrás.

1

ME SIENTO RECHAZADO

La sensación de rechazo puede conectarnos con muchísimas emociones desagradables como la tristeza, la rabia, la frustración, la ansiedad o la inseguridad, haciendo que nos sintamos pequeñitos y que cuestionemos nuestro valor.

Es tu ego quien se siente rechazado en su búsqueda de aprobación y reconocimiento ajeno. El ego se alimenta de la opinión de los demás. El ego determina su valor por todo lo externo a ti: cosas materiales, logros conseguidos, halagos recibidos... Así que cuando interpretamos que alguien nos está rechazando, el ego pone en duda su valía. Si el ego se siente así, buscará a toda costa recuperar la aceptación y aprobación de aquellos que le han rechazado.

> Tu ego no es capaz de mirar dentro, siempre tiene el foco fuera. Recupera tu poder.

Como sabes, el ego se ha ido formando desde que somos pequeños, y nuestras experiencias de la infancia determinarán, en mayor o menor medida, cuánto nos afectará el rechazo en nuestra edad adulta. Es una de las cinco grandes heridas de la infancia, junto con el abandono, la humillación, la injusticia y la traición. Si nos hemos sentido rechazados por nuestros progenitores, tendremos una herida mayor y nuestro ego buscará desesperadamente ser aceptado. Aunque no nos hayamos sentido rechazados por nuestros progenitores, nuestro ego también buscará esta aprobación, pero nos afectará de una forma más leve.

CUANDO DUELE EL RECHAZO Y NO LA PÉRDIDA

Después de varias sesiones relacionadas con rupturas de pareja me di cuenta de que muchas de mis clientas devastadas no sufrían realmente por haber roto o por la pérdida de esa persona, sino por sentirse rechazadas. Ya no había amor, admiración o proyectos comunes en la relación, y en muchas ocasiones se había convertido en tóxica o destructiva, pero el solo hecho de sentirse rechazadas, poco valoradas o poco queridas por su pareja o expareja les ardía por dentro.

Este sentimiento de rechazo aparecía porque había sido la otra persona quien había decidido poner fin a la relación o porque no había luchado lo suficiente por arreglarla o recuperarla. Los pensamientos más recurrentes suelen ser: «No me quería como decía», «No he sido suficiente», «Ya veo lo que le importaba», «No era su prioridad»... Por ningún lado aparecía un: «Era una persona maravillosa a la que admiraba con todo mi corazón».

Ahora bien, si la expareja volvía a estar detrás o intentaba recuperar la relación, un sentimiento de calma y tranquilidad las invadía a pesar de no querer retomar la relación. El ego ya no se sentía rechazado, era de nuevo valioso.

¿Cuántas veces hemos oído eso de: «Cuánto más pasa de mí, más me gusta»? No, querida, más le gusta a tu ego, que necesita sentirse valorado, apreciado y gustar a todo el mundo. Esa persona no tiene nada que admires, no compartís valores y no cumple con tus expectativas de cara a una relación saludable.

Acabamos sufriendo porque nuestro ego se ha visto dañado y no por la relación o la persona en sí. Tu ego está dominando tus emociones y tus decisiones sin que te des cuenta. Se ha hecho con todo el control de la situación y dejas de pensar, sentir y actuar desde tu verdadera voluntad.

Algo parecido pasa cuando nos critican o nos juzgan: el ego no se siente aprobado o reconocido por los demás. Interpreta que nos están rechazando.

ROCÍO Y LOS CUCHICHEOS DEL PERSONAL DE MANTENIMIENTO

En una de sus sesiones, Rocío expresó su preocupación por cómo se había sentido juzgada por las miradas y cuchicheos de dos personas de mantenimiento del edificio en el que trabajaba. Me contaba que no había dejado de darle vueltas en todo el día porque creía que había quedado de soberbia y prepotente por una petición que les había hecho. Los pensamientos y emociones de un día entero robados por un par de personas que ni siquiera conocía.

Cuando el ego asume el control, nos olvidamos de lo más importante: nosotros mismos. Ha habido una persona o varias personas que han emitido un juicio sobre ti. Y tú, ¿qué opinas?, ¿cómo interpretas lo que ha pasado?, ¿qué opinión es más importante para ti, la de otras personas o la tuya?

MARÍA Y SUS COMPAÑERAS DE CLASE CRITICONAS

María era una clienta que quería trabajar sus habilidades sociales. Sentía vergüenza cuando estaba en grupo y cuando tenía que conocer a gente nueva.

Me contó que cuando estaba en la universidad, había un grupo de tres o cuatro chicas en su clase que la criticaban y hacían comentarios despectivos cuando ella estaba cerca o intervenía en una conversación.

A María le generaba mucha inseguridad y pensaba que no encajaba o no gustaba a los demás.

Cuando le pregunté por esas chicas me dijo que le caían fatal, que le parecían mujeres muy superficiales y que sus conversaciones eran banales. Le pregunté si le hubiera gustado que fueran sus amigas y me dijo que ni en broma.

O sea, que María se sentía rechazada por un grupo de chicas que no le agradaban y con quienes no quería tener ningún tipo de relación porque consideraba que eran personas muy diferentes.

¿Para qué quieres ser aceptada por alguien que ni te interesa? ¿Qué tipo de poder le estás dando a personas que ni siquiera te gustan? ¿Qué opiniones son importantes para ti?

> Cuidado con la necesidad de aceptación de tu ego, porque puede dar poder a cualquiera.

Soy invisible

Como ya sabemos, el ego necesita sentirse reconocido, valorado, respetado y querido. Necesita ser visto. La indiferencia puede interpretarse como un sentimiento de rechazo o de invisibilidad que provoca que el ego se sienta menospreciado.

Como dice el dicho popular (al que yo he recurrido cientos de veces): «No hay mayor desprecio que no hacer aprecio».

La realidad es que detrás de la indiferencia puede haber numerosas razones: ausencia de interés, necesidad de protección, estrategia manipuladora o simple indiferencia. Pero lo importante es cómo interpreta o cómo se toma nuestro ego esa indiferencia.

VALERIA Y SU MARIDO PASOTA

Tuve una cliente, Valeria, de unos 50 años, que era escritora de novelas. Llevaba más de quince años casada y quería mejorar la relación con su marido, ya que creía que habían caído en la rutina y monotonía propia de los años. Quería recuperar la ilusión.

Una de las cosas que más le dolían era el poco interés que mostraba su marido cuando ella publicaba un libro nuevo. Decía que la mayoría de las veces ni siquiera terminaba de leerlos y que le causaba mucha tristeza al ser tan importantes para ella. Era algo que llevaba arrastrando años y que nunca había compartido con él.

El ego de Valeria buscaba esa valoración y reconocimiento de su pareja. Le hice un par de preguntas cortas sobre su marido y hubo unos pequeños detalles que me parecieron importantes: ingeniero informático especializado en ciberseguridad, no se había leído una novela en su vida, lo máximo que leía eran los códigos de su trabajo.

Cuando le pregunté a Valeria cuántas ganas tenía de leer los proyectos de su marido (prácticamente todo en código) a las dos nos entró un escalofrío solo de pensarlo. ¡Qué infumable! ¿Significa eso que Valeria no valora o admira el trabajo de su marido? Claro que no, pero los intereses o la pasión laboral eran muy diferentes entre ellos. Darle la vuelta le ayudó a Valeria a entender a su marido y que su interpretación de que él no valoraba su trabajo no era más que eso, una simple interpretación que llevaba arrastrando años.

Muchas veces la indiferencia es un juicio y conviene analizarlo.

Con este ejemplo no quiero decir que la indiferencia no exista o que toda indiferencia tenga una explicación. Sin duda que tu trabajo, tus opiniones, tus *hobbies* o tus sueños pueden resultar indiferentes para muchísimas personas, igual que lo son para ti los de muchas otras. Pero no olvides que el ego solo mira su ombligo.

La validación más importante es la tuya.

Si esa indiferencia, después de valorarla de la manera más objetiva posible, es de alguien importante para nosotros como puede ser nuestra pareja, no debemos cuestionarnos nuestra valía, sino a la persona que hemos elegido para compartir nuestra vida. Es algo que forma parte de nuestra responsabilidad y será nuestra decisión si continuar o no con esa relación.

Nadie es indiferente para todo el mundo. Aunque el ego quiera ser reconocido y aprobado por todos, haz una pausa para determinar qué o quiénes son realmente importantes para ti y qué puedes hacer. Deja de mendigar amor de cualquier persona que se cruce en tu camino, tu verdadero ser no lo necesita.

2
¿QUÉ ES VERDAD?

Hemos hablado mucho de cómo nuestro propio ego se dedica a juzgar todo a nuestro alrededor como si la que él considera su realidad fuera la única existente. Muchos de los juicios que emitimos no nos hacen daño y muchos otros nos ayudan a desenvolvernos en nuestro día a día. Pero hay determinados juicios, habituales en casi todas las personas, que nos causan muchísimo malestar, y el sentimiento más destructivo, la ira, se apodera de nosotros sin ningún tipo de control.

LA JUSTICIA NO EXISTE

La injusticia es una de las valoraciones que más rabia e ira produce. Determinar que algo es justo o injusto no es más que un juicio que emites desde tus creencias, pero para ti es un hecho, una realidad y una verdad, cuando realmente no lo es. La injusticia es relativa y subjetiva. Y es tu ego juzgador quien actúa como dios de la Justicia.

Como ya sabes, tu ego juzga qué es justo y qué es injusto, qué está bien o mal, qué es bueno o malo, qué es mejor o peor. Los juicios son simples opiniones, ya que lo que pueda parecer justo a uno no lo es para otro.

Solo los verdaderos hechos están libres de juicios.

Por ejemplo, en Estados Unidos la pena de muerte se considera justa en algunos estados y en otros no. El ascenso de un compañero de tu equipo te puede parecer injusto porque has trabajado más horas y te has involucrado más en la empresa. Pero tu jefe no opina lo mismo, porque tu compañero tiene más don de gentes y se gana antes a los clientes.

Aferrarnos al sentimiento de justicia puede causarnos mucho sufrimiento. Nos atrapan la indignación, el odio, la ira o un sentimiento de impotencia, desprotección o vulnerabilidad con el que no nos sentimos nada cómodos.

¿Conoces la «falacia de justicia»? Es una distorsión cognitiva que nos hace considerar injusto todo aquello que no coincide con nuestros deseos personales, así que todo aquello que no coincide con nuestra forma de ver y valorar el mundo es injusto. «Es injusto que me hayan echado del trabajo», «Es injusto que mi pareja me haya dejado por otra», «Es injusto que no tenga más días de vacaciones», «Es injusto que me paguen tan poco»...

¿Y qué pasa con la injusticia? La injusticia nos paraliza, nos lleva a la inacción, a la queja, al victimismo y a la ausencia de responsabilidad (o, lo que es lo mismo, a no coger las riendas de nuestra vida).

La injusticia nos enfada, nos entristece y acaba dominando por completo nuestro estado de ánimo.

Por suerte o por desgracia, nunca vamos a poder controlar todo lo que pasa a nuestro alrededor, siempre habrá un montón de imprevistos que nos descoloquen y que hagan que las cosas no salgan como a nosotros nos hubiera gustado, pero eso no quiere decir que sean injustos.

Es importante aceptar que otras personas tienen visiones diferentes a las nuestras que también son válidas, aunque no coincidan con nuestros valores y nos parezcan horribles. Y si algo no nos gusta que afecte a nuestra vida y a nuestro bienestar, hemos de cambiar la situación, no quedarnos en la queja y el victimismo.

LA GENTE ES MALEDUCADA

El tema de la educación me encanta. ¿Qué es exactamente buena educación? Probablemente lo que tus padres te han dicho que es, y ala, tú lo compras y encima te molesta que otros no tengan la educación que te han transmitido tus padres.

Todos hemos oído que en algunas culturas es de buena educación tirarse eructos al comer o al terminar de comer y, sin embargo, en otras es una aberración. Así pues, la educación también es subjetiva.

Recuerdo estar comiendo con Beli y tener un bol de ensalada para compartir. Yo estaba pinchándola directamente del bol y Beli me dijo que eso era de mala educación. Me quedé pensando y le pregunté por qué lo consideraba así, a lo que me contestó que porque yo me llevaba el tenedor a la boca al hacerlo y luego volvía a pinchar cuando ya lo había chupado. Me volví a quedar pensando y le dije que me parecía curioso que tuviese esa visión, teniendo en cuenta que él es argentino y comparte el mate (del que tienes que chupar directamente de una pajita de metal) con toda la oficina, familia, vecinos o compañeros. Es decir, algo así como compartir directamente el tenedor con otros al comer. En ese mismo momento, mi concepto de educación desapareció.

El malestar por una falta de educación o de respeto lo he visto muy acentuado en varias ocasiones con clientas latinoamericanas que viven en Europa. En Latinoamérica, en general, la sociedad es colectivista, mientras que en Europa es mucho más individualista, por lo que la educación, creencias y valores pueden ser muy distintos.

ELISABET Y LA MALA EDUCACIÓN DE LOS NÓRDICOS

Elisabet era una clienta de 42 años, de origen colombiano, que vivía en Noruega y llevaba casada con su marido diez años. En alguna ocasión me había comentado que no tenía mucha relación con su familia política, ya que no conseguía entenderse muy bien con ellos y creía que no la aceptaban del todo.

Un día me llamó llorando, pidiéndome una sesión urgente. Cuando nos conectamos me dijo que ya no aguantaba más, que llevaba una década soportando las faltas de respeto de su familia política y que no podía alejarse de ellos porque vivían en el mismo pueblo.

Elisabet me contó que siempre habían sido muy maleducados con ella, que nunca la habían acogido. Creía que no la valoraban porque era colombiana y ama de casa, así que le pedí que me contara qué había pasado exactamente.

Como he tenido la suerte de conocer a gente de Colombia y de los países nórdicos, estaba algo al tanto de las diferencias culturales. Me empezó a contar decenas de situaciones que se habían dado desde que se casó: no la llamaban por su cumpleaños (le escribían un mensaje), no preguntaban por ella cuando hablaban por teléfono con su marido, en las reuniones familiares no le preguntaban por su día a día o sus intereses, le pedían a ella que hiciera las fotos familiares sin incluirla... Y un montón de detalles que entristecían y enfadaban a partes iguales a Elisabet. Lo que más le molestaba era que su marido no hiciera nada al respecto y lo viera como algo normal.

Lógicamente, su marido lo veía como normal porque para él lo era. Tampoco llamaba a sus cuñados por sus cumpleaños y le importaba bastante poco lo que hicieran en su trabajo. La forma de relacionarse en ambos países es muy diferente y Elisabet solo era capaz de contemplar su punto de vista, o más bien su ego solo era capaz de ver desde su egocentrismo.

Cuando estamos metidos en el «problema» nos cuesta mucho mirar desde las gafas de la otra persona. Nuestro ego se encierra en su supuesta humillación o falta de respeto, condicionado por la educación que hemos recibido y la cultura que tenemos, y nos lo tomamos como un ataque personal, como una falta de interés, de respeto o de aceptación.

NADIE ME ENTIENDE

Los malos entendidos suelen producirse a raíz de nuestras interpretaciones, por una falta de comunicación o por una mala comunicación.

Es importante comunicarse siempre de la mejor forma posible, ya que si no se soluciona el malentendido, el motivo de nuestro malestar va a estar fundamentado en una simple interpretación de la realidad. Al no comunicarnos de una forma directa y explícita, nuestras interpretaciones de los hechos nos juegan muy malas pasadas.

Me parece muy interesante analizarlo con mis clientes y sus diferentes conflictos en las relaciones. Hay interpretaciones dignas de una película de Hollywood. Y por supuesto que yo también las he hecho y a veces las sigo haciendo. Estos malentendidos (que generan un conflicto) casi siempre están relacionados, otra vez, con los juicios que hacemos de lo poco que nos valoran. El ego se siente herido y rechazado. Yo intento partir siempre de esta base: no hay un conflicto real, hay un malentendido.

El otro día estaba en una sesión con una clienta que no paraba de despotricar de toda su familia, anclándose en el «por qué a mí» y en «cómo han podido hacerme esto». Se sentía triste, con mucha rabia y frustración. Yo me limitaba a escuchar, y ella todo el rato buscaba mi complicidad preguntándome «¿a ti esto te parece normal?», «es muy grave, ¿verdad?», «entiendes lo que te digo, ¿no?». Le dije que mi opinión no importaba en absoluto. Y si quería que le diera la razón y que nos pusiéramos las dos a criticar a toda su familia, que no contara conmigo porque se iba a quedar igual o peor.

Mi papel es mantenerme en una posición neutra para poder encontrar soluciones al malestar de mi cliente, si buscamos que nos den la razón y apoyen en nuestros juicios, para eso tenemos a nuestros amigos. Intento que el cliente se olvide de sí mismo y pueda ver la situación como si fuera una película, para así intentar entender a la otra parte. Siempre ha habido unos hechos irrefutables que han causado el conflicto y siempre va a haber al menos dos versiones de lo que ha pasado.

Nuestra versión de los hechos no es la verdad, es simplemente cómo lo estamos viviendo nosotros. La interpretación de la otra parte es tan válida como la tuya, por eso es importante tener una buena comunicación donde podamos expresarnos sin atacar o juzgar a la otra persona, para compartir nuestro punto de vista sobre la situación e intentar entender al otro. Nadie quiere estar enfadado, nadie quiere tener una mala relación y nadie quiere discutir. No dejes que el ego y su necesidad de tener razón te dominen y juzguen a sus anchas, conecta con la otra persona para poder llegar a un entendimiento.

¿Quieres pelea?

Normalmente, cuando hay un conflicto, hay una disparidad de opiniones, se está luchando por tener razón y por defender el punto de vista de cada uno, porque para el ego es importante defender nuestra razón, nuestra forma de ver las cosas y hacerle ver al otro que se equivoca. Pero ya sabemos que nuestra opinión no es más que un juicio.

Por ejemplo, cuando discuto con Beli siempre está mi ego presente defendiendo su opinión y punto de vista a capa y espada. Entramos en una lucha de egos que nos hace perder tiempo y energía y nos desconecta como equipo. En ese momento se me olvida que la verdad y la realidad son muy subjetivas y que no tiene sentido luchar por tener razón. Incluso cuando uno de los dos, por agotamiento, acaba dando la razón al otro, significa que alguien «sale perdiendo». El ego ha ganado, pero no tu relación.

Siempre insisto en que las relaciones, sean del tipo que sean, tenemos que verlas como miembros de un mismo equipo donde solo podemos ganar juntos. ¿Realmente merece la pena ese subidón del ego a costa de no resolver verdaderamente un conflicto?

Buscar alternativas, llegar a un punto medio o evaluar diferentes opciones juntos hace que nos sintamos en paz: hemos dejado de lado al ego.

ALBERTO Y CRISTINA SIEMPRE DISCUTEN

Me gusta mucho hacer *coaching* a parejas. Alberto y Cristina llevaban tiempo pasando una mala racha y querían saber si podían salvar su relación. Su problema era que discutían todos los días, aunque fuera por la cosa más pequeña e insignificante.

Siempre pido ejemplos. Sus discusiones iban desde qué televisor comprar hasta cuál era la mejor forma de hacer un huevo frito. Por suerte ningún tema era tan grave como para replantearse la relación, pero las discusiones constantes sí que lo eran.

El problema era que uno de los dos tenía que ganar. Solía ceder Alberto por agotamiento, pero no por voluntad o entendimiento. Todo era blanco o negro. Lo que decía Alberto o lo que decía Cristina. El televisor tenía que ser de 50 pulgadas o de 70 pulgadas. Se tenía que ir a la playa o a la montaña. Comer en un indio o en un italiano.

Mis preguntas fueron: ¿para qué tenía que tener uno de los dos la razón?, ¿qué pasaba con la escala de grises?, ¿podían existir alternativas?

Como suelo mandar «tareas» para casa y discutían todos los días, el ejercicio que tuvieron que hacer era encontrar siempre un gris (un punto intermedio) o una alternativa. Es decir, un televisor de 60 pulgadas o ir a un restaurante de comida asiática.

Muchas veces nos cerramos y no conseguimos ver más allá. Cuando le pregunté a la pareja del ejemplo anterior por la escala de grises enmudecieron: no se lo habían planteado.

Hemos de tener claras nuestras prioridades. ¿Quieres formar un equipo con tu pareja o quieres tener razón?

No olvides que a nadie le gusta sentir emociones desagradables ni discutir. Todos preferimos tener relaciones sanas y vivir en paz.

El EGOÍSMO

Egoísta. Otro calificativo que solemos utilizar muy a menudo, porque las personas que consideramos como tales nos producen mucha ira. Según nuestras creencias, egoísta es aquel que antepone el interés propio al ajeno. Si perteneces a Occidente, probablemente hayas recibido una educación judeocristiana, donde tal consideración es algo terrible.

Creemos que priorizarnos, poner límites, decir «no», desconectar o alejarnos de personas que nos causan malestar es ser egoísta. Y el sentimiento de culpa se adueña de nosotros porque pensamos que estamos actuando mal.

Tengo la creencia de que cuanto más te cuidas, valoras y respetas, mejor estás contigo mismo, y por ende, con los demás. Y no solo eso, sino que también creo que cada uno de nosotros tiene que hacerse responsable de su vida y de su bienestar.

Pero ¿qué es ser egoísta, exactamente? Todos nosotros tenemos nuestro barómetro, cuya escala depende, una vez más, de nuestros juicios: lo que es egoísta para ti puede no serlo para mí, no hay unas reglas establecidas. Normalmente estamos condicionados por lo que hemos visto o aprendido en nuestra casa.

Hay un ejercicio en *coaching* que se llama «identidad pública» y consiste en pedir a unas cinco personas cercanas que hagan una lista con cinco virtudes y cinco defectos tuyos, poniendo un ejemplo en cada uno de ellos. Yo se lo pedí a tres grandes amigos, a Beli y a mi padre. Un amigo y Beli destacaron como virtud mi generosidad; sin embargo, mi padre añadió como defecto el egoísmo: «Antepone su bienestar al resto de personas que la rodean». Mi mejor amigo puso como defecto: «Te haces dueña de los problemas de los demás y no te alejas de las personas tóxicas de tu vida». Parece una contradicción, ¿verdad? Me encantó ver esta dualidad. Me hizo clic la cabeza en varios sentidos. Por un lado, todo es relativo según los ojos que estén mirando, y, por otro, las etiquetas no nos definen, son solo percepciones subjetivas.

¿Dónde queda el amor propio cuando anteponemos las necesidades de los demás a las nuestras? ¿Crees que los demás deberían priorizar tus necesidades a las suyas? ¿Queremos realmente dejar nuestro bienestar en manos ajenas? ¿Por qué está mal priorizarse? ¿Según quién?

Personalmente creo que el egoísmo es una palabra muy peligrosa, porque está tan mal vista que corres el riesgo de olvidarte de ti mismo por no ser «egoísta».

CLAUDIA Y LOS REGALOS DE NAVIDAD

Recuerdo a Claudia, una clienta que vino a una de las sesiones estresada, frustrada y triste porque siempre era ella quien se encargaba de comprar los regalos de Navidad para toda la familia.

Era una mujer trabajadora, tenía tres hijos y era su «responsabilidad» encargarse de todo porque se había ofrecido muchos años atrás. Estaba agotada, pero le parecía egoísta no hacerlo o decir que no, a pesar de que hubiera miembros de la familia que trabajaban la mitad que ella o no trabajaban. Anteponía la comodidad del resto de su familia y quedar bien con ellos a su propio bienestar.

Si no era capaz de «plantarse» con su propia familia, imagina la dificultad que tenía con el resto de personas para priorizarse. Poco a poco se iba haciendo más y más pequeñita, hasta olvidarse completamente de lo que realmente quería y necesitaba.

El egoísmo es completamente subjetivo, tan subjetivo como lícito. Si juzgas a alguien como egoísta, estás esperando algo de esa persona, quizás no directamente, pero sí en su forma de comportarse. Eso forma parte de tus expectativas y creencias, que en ningún caso son la realidad.

SANDRA NO SABÍA DECIR QUE NO

El objetivo de Sandra era encontrarse mejor consigo misma, y para ello quería trabajar en su autoconocimiento y amor propio.

En la primera sesión hablamos de cómo se sentía y se percibía, de en qué se basaba para pensar que no tenía amor propio y de sus relaciones con los demás.

En la segunda sesión me dijo que se había dado cuenta de que siempre priorizaba a los demás y que era incapaz de decirle que no a alguien. Daba igual que fuera una llamada telefónica, tomar un café, elegir un viaje o qué pedir en un restaurante. Ella siempre hacía lo que los demás querían.

Tenía varios motivos para ceder a todo: «No quiero que se enfaden», «No es tan importante para mí», «Siempre he sido así»... Pero el que más se repetía era: «Me siento culpable si soy egoísta».

Es decir, para Sandra, quedarse descansando en vez de salir de fiesta como quería su amiga era egoísta. Pedir pescado para comer en vez de croquetas como quería su pareja era egoísta, decir que no le apetecía hacer un viaje era egoísta. Básicamente, ser ella misma y hacer lo que realmente quería era ser egoísta.

Esto hacía que se sintiera muy perdida y que no tuviera claras sus opiniones o sus valores, ya que todo lo que dijeran o quisieran los demás era lo más importante, porque, si no, era «egoísta».

3
ME HAS DECEPCIONADO

La decepción forma parte de las expectativas, ya que solo nos podemos decepcionar si esperamos (o no esperamos) algo de alguien o de algo: una acción, un comportamiento, una responsabilidad, un comentario, un resultado, etcétera. Una expectativa es la esperanza de realizar o conseguir algo, por lo tanto, la decepción aparece cuando no lo conseguimos.

Juzgamos que alguien no se ha comportado como debería —como nos gustaría, en realidad—, o que las cosas no han salido según lo esperado, porque el ego, al ser egocéntrico, espera que las personas actúen según sus expectativas, ya que son las «correctas» y «obvias».

> Es muy curioso cómo esperamos cosas de los demás y nos decepcionamos fácilmente si no nos las dan, cuando ni si quiera hemos compartido lo que pensamos.

Somos egocéntricos, la otra persona tiene que saber exactamente lo que queremos porque «nos conoce», y «si lo tengo que pedir, no cuenta».

No podemos esperar que los demás adivinen nuestras necesidades. Si quieres o esperas algo de alguien, pídeselo. Recuerda que tu forma de ver las cosas no es universal.

Ahora bien, esto no quiere decir que no seas coherente con tus valores o que jamás puedas decepcionarte, pero que no sea por las expectativas que tiene tu ego y que solo él y tú compartís.

No puedes decepcionarte porque tu pareja no sea tan atenta o detallista como esperabas, solo tendría algo de sentido si le has explicado cómo te sientes, qué necesitas y le has dicho claramente cómo te gustaría que actuara en determinadas ocasiones (siempre que no exijas que deje de ser ella misma).

Antes de esperar que las cosas salgan según tus creencias, comparte aquello que necesitas o te gustaría para valorar qué se puede hacer al respecto. Hazte cargo de tus necesidades y no dejes que tus creencias te dominen. La comunicación es clave en cualquier tipo de relación, todos nosotros somos únicos y no siempre vamos a entendernos o a ver las cosas de la misma manera, por eso es tan importante compartir cómo nos sentimos y qué hace que estemos así.

LA DECEPCIÓN MÁS GRANDE DE ÁNGELA

Ángela contactó conmigo porque no tenía claro si quería seguir con su pareja. Había pasado algo muy grave para ella y no creía ser capaz de continuar con la relación.

Después de tres años, su pareja había decidido irse a vivir con su mejor amigo en vez de con ella. Cuando le pregunté qué había detrás (es decir, cómo lo interpretaba ella), me dijo que significaba que no la quería lo suficiente, que no quería compartir su tiempo con ella, que no quería seguir dando pasos y avanzando en la relación, que prefería convivir con un amigo que con su novia... Y que, en definitiva, se había dado cuenta de que no era tan importante para él.

Cuando le pregunté qué le había dicho su novio al respecto, me dijo que no lo había hablado con él. Es decir, Ángela estaba esperando que le propusiera irse a vivir juntos y, al no hacerlo, fue una decepción terrible. Para ella era lo que «ya tocaba» después de tres años de relación, era una cosa bastante «obvia». Pero nunca lo habían hablado porque se «sobrentendía».

Le sugerí que tuviera una conversación con él antes de empezar a plantearse cualquier decisión. Y que, una vez hablado, nos pondríamos juntas manos a la obra para que pudiera tomar la decisión más segura posible.

Como podrás imaginarte, el novio de Ángela no tenía ni la más mínima idea de sus intenciones. Era algo que ni siquiera se había planteado porque nunca habían hablado de vivir juntos, y veía a Ángela muy a gusto con sus compañeras de piso. Le dijo que le apetecía mucho vivir con ella y que no entendía por qué no le había dicho nada de su malestar hasta entonces. Tres meses después estaban viviendo juntos.

Las expectativas no compartidas de Ángela la llevaron a una tremenda decepción, con el sufrimiento que ello implica, que le hizo replantearse su relación por algo que solo estaba en su cabeza.

4

LA ENFERMEDAD DEL PERFECCIONISMO

L a exigencia siempre va de la mano del perfeccionismo, y dado que la perfección no existe o es tremendamente relativa, la frustración está asegurada. ¿A quién intentas demostrar tu valía? ¿En quién estás buscando aprobación o validación? ¿Qué necesitas demostrarte a ti mismo?

En la exigencia encontramos tanto la necesidad de aprobación externa como la identificación con «hacer» y «tener» y diferentes miedos. El ego se esconde por todos los rincones.

Creo que es lícito que queramos hacer las cosas lo mejor que podemos y sabemos (yo lo estoy intentando al escribir este libro), pero sin renunciar a nuestro tiempo, a nuestra tranquilidad y a nuestra paz interior. Una cosa es hacer las cosas lo mejor que uno sabe y otra muy distinta es intentar hacerlas perfectas, cargándonos con una mochila de piedras donde cada una de ellas nos recuerda que «tenemos que hacerlo mejor».

> Es muy improbable que aquello que hagas tenga consecuencias catastróficas para la humanidad, así que relájate y respira: nunca nada es tan grave como tú crees.

No olvides reconocer todo lo que has conseguido hasta el momento, todo lo que has crecido y evolucionado y todos los obstáculos que has superado.

La exigencia y el perfeccionismo son los dos temas que más salen a relucir en mis sesiones de *coaching*: en el trabajo, con nuestra familia, en nuestros objetivos, en nuestras rutinas, en nuestros pensamientos, en nuestras emociones, en nuestras reacciones o comportamientos y, sobre todo, con nosotros mismos. Cargamos una losa constante a nuestras espaldas con «deberías» y obligaciones que muchas veces acaban ahogándonos. No nos permitimos descansar, no nos permitimos tener poca energía, no nos permitimos estar tristes..., y son cosas que inevitablemente nos pasan, porque somos humanos perfectamente imperfectos en constante evolución y crecimiento, y todos los errores que cometemos forman parte de nuestro gran aprendizaje de vida.

Detrás del perfeccionismo, se esconden otras circunstancias que acaban con nuestra paz interior: el control, la duda y el fracaso.

¿Lo tienes todo controlado?

Es imposible vivir sin incertidumbre. Aparece ante lo desconocido e inesperado, y ante ella no tenemos el control de la situación o de los acontecimientos.

La incertidumbre vive en el futuro y siempre formará parte de nuestra vida. No podemos controlar aquello que no depende de nosotros y a veces tampoco aquello que sí, pero mucho menos podemos controlar el futuro. Al perder el control, el miedo viene a visitarnos por todo aquello que podría llegar a pasar. Ser una persona controladora o creer que necesitamos tenerlo todo bajo control para estar tranquilos no es más que caer en nuestra propia trampa, ya que es imposible; así que, en cierto modo, estamos admitiendo que es imposible estar tranquilos.

> Libérate de la exigencia, no necesitas hacerlo todo perfecto, necesitas sentirte en paz.

Tenerlo todo controlado es una ilusión, porque, aunque nos quedemos encerrados en nuestra zona de confort más pequeña y resguardada, siempre habrá cosas que se nos escapen. Necesitamos soltar el control para ser y sentirnos libres. Lo que tenga que llegar, llegará, y podremos con ello una vez más, como siempre hemos hecho.

JAVIER LO TIENE TODO CONTROLADO

Javier acudió a mí para reforzar su autoestima. Es cierto que se apreciaba muy poco y también tenía sus valores un poco desubicados. Era hijo único y sus padres habían sido muy exigentes y machacones con él. Para tener el amor o la atención de sus padres, Javier se había esforzado mucho por hacerlo todo perfecto: sacar buenas notas, ir siempre bien vestido, nunca contestar, ayudar en las tareas del hogar... Si algo de esto no se cumplía, le aplicaban la ley del hielo: dejarle de hablar o hacer como que no existía.

Por suerte, Javier estaba independizado y vivía con su novia, que le quería y admiraba y se lo demostraba todos los días. Para él su pareja era su casa. Sin embargo, creía que tenía ciertas actitudes con ella que no eran buenas, así que temía que le dejara. Se ponía muy nervioso si ella llegaba tarde o cuando se equivocaba en el pedido de comida rápida a domicilio, por ejemplo. Entonces se frustraba y se ponía de mal humor durante todo el día.

Tampoco se permitía cometer errores. Me contó que una vez se equivocó en una reserva de hotel, la había hecho un mes más tarde de cuando realmente tenían las vacaciones, y que aquella semana fue un infierno. Siempre de mal humor y machacándose con su error: no paraba de repetirse cómo podía haber sido tan tonto.

Cada vez que algo escapaba a su control, todo se transformaba en un drama.

El ego de Javier se había ido formando influido por la educación que le dieron sus padres. Sus creencias de cómo era él y de cómo tenían que ser las cosas eran muy rígidas, la resistencia de su ego era muy fuerte. Su valor dependía de cómo hacía las cosas y de cómo lo percibían los demás. No sabía quién era realmente.

Una persona perfeccionista cree necesitar tener todo controlado, y cuando algo no sale según lo esperado, el automachaque, la frustración o la ira se apoderan de ella. Para una persona exigente, un error es un fracaso.

Tengo dudas

El ego necesita sentirse seguro. Detrás de la indecisión se suele esconder el miedo, motor del ego. Cuando estamos indecisos, tenemos miedo a equivocarnos o a arrepentirnos de la decisión tomada, tenemos miedo a fracasar. Cuando somos perfeccionistas, no nos permitimos el error, así que cada decisión que tomamos nos resulta de vital importancia, porque el resultado nos va a definir. Detrás de la indecisión podemos encontrarnos el miedo y la identificación con «hacer» del ego.

Por ejemplo, ante un cambio de trabajo suele haber cierta indecisión. Hay que salir de la zona de confort, con nuevos proyectos, compañeros y responsabilidades, y el miedo a que no sea lo esperado, a no estar a la altura o a que estemos peor que en el trabajo actual nos pueden paralizar. Por otro lado, el perfeccionismo, al temer fracasar, no puede permitirse una equivocación en una decisión tan importante, ya que el ego se identificará con ella.

Seguro que has escuchado la frase: «¿Qué harías si no tuvieras miedo?». Pues aunque suene a cliché, nos aporta mayor claridad y conexión con nuestros verdaderos deseos que cualquier otro camino.

> La única forma de superar un miedo es
> enfrentándote a él.

En *coaching* es muy importante la toma de acción, realizar pequeños cambios o acciones que nos acerquen a donde nos gustaría llegar. Para mí es la mejor forma de averiguar qué hay detrás del miedo, para poder enfrentarnos a él.

Un miedo que he encontrado mucho en mis clientes es el de conocer gente nueva o ser uno mismo ante un grupo de personas desconocidas. Esto provoca indecisión a la hora de realizar nuevos planes, buscar nuevos amigos o apuntarnos a esa actividad o *hobby* que tanto nos llama la atención. Por lo general, el cliente identifica rápido su miedo: al qué dirán, a no gustar, a que lo juzguen, a hacer el ridículo... o, simplificando, miedo al rechazo. Si no supone algo verdaderamente traumático para el cliente, siempre le invito a que se enfrente a ese miedo, y vaya a esa barbacoa de su prima donde no conoce a nadie «a ver qué pasa». ¿Sabes qué suele pasar? Absolutamente nada.

Gran parte de esta clase de miedos viene de nuestra infancia. Quizás tus padres no te han apoyado, atendido o respaldado lo suficiente, o quizás criticaban todo aquello que hacías. Puede ser que tuvieras un grupo de amigas tóxicas donde te sentías constantemente juzgada, o puede que te sintieras humillado por un profesor frente a tus compañeros de clase. Cualquiera de esas circunstancias hizo que dudaras de ti y de tu valor, generando un miedo que arrastras hasta el día de hoy. Atrévete a tomar decisiones, ¿qué es lo peor que puede pasar?

Soy un fracaso

El fracaso no es nada más que no conseguir el resultado deseado o previsto. ¿Realmente es algo tan terrible? Quizás lo sea cuando nos identificamos con lo que hacemos.

Para muchísimas personas (y yo he sido una de ellas) cometer un error es un fracaso. Que algo no te salga según lo esperado puede generar mucha frustración, ya que al identificarnos con lo que hacemos, el fracaso no es la consecuencia de una acción, sino nosotros mismos.

Al poner nuestra valía en aquello que hacemos, si hacemos algo mal significa que ya no valemos o que nuestro valor disminuye.

CAROLINA NUNCA FALLA

Carolina era una clienta que en un primer momento acudió a mí para mejorar la relación con su pareja, pero después de la segunda sesión, quiso centrarse al cien por cien en ser su mejor versión y empezó a trabajar directamente el ego.

Me encantaban las sesiones con ella, era superdisciplinada y apasionada con sus objetivos, cada semana me sorprendía con nuevos retos y avances que se proponía a sí misma. Interiorizaba todo muy bien y avanzaba muy rápido. Sin embargo, la exigencia podía con ella. No se permitía «fallar». Si un día su ego tomaba todo el control, se hundía y machacaba por no haber podido evitarlo. «He fracasado», me decía desde la tristeza y la frustración. Pero ¿qué pasaba con los cien aciertos y metas conseguidos?

Creo que me era imposible disimular mi expresión facial (por mucho que lo intentara) de: «¿Qué me estás contando?».

Decía que no entendía cómo podía cagarla si sabía perfectamente lo que tenía que hacer. Que por qué, si se sabía la teoría perfectamente, la práctica le costaba tanto.

Yo no salía de mi asombro porque me parecía una *crack*. Había cambiado muchísimas cosas en muy poco tiempo y solo era capaz de ver ese contratiempo.

Dediqué una sesión a explicarle por qué era difícil cambiar, como funciona nuestro cerebro, por qué era imposible hacerlo todo bien por mucho que nos sepamos la teoría, y a intentar que viera todo lo que había avanzado. Me di cuenta pasadas unas sesiones de que Carolina no había conectado con su exigencia. Yo se lo había dicho directamente en diferentes ocasiones, pero no me había cerciorado de si ella lo veía igual; entonces, cada vez que me escuchaba la palabra «exigencia», le entraba por un oído y le salía por el otro.

Los seres humanos tenemos la manía de focalizarnos en lo negativo, en los defectos y en lo que nos falta. Se llama sesgo de negatividad. Pero somos mucho más que eso. De un mismo hecho, múltiples interpretaciones. El problema es que son nuestras interpretaciones las que nos provocan emociones, así que tenemos que estar alerta de qué nos estamos contando y cómo nos valoramos.

Si ves los errores como fracasos, ten por seguro que las emociones que sentirás serán desagradables. Si ves los errores como aprendizajes, te servirán para enriquecerte, impulsarte y seguir creciendo como persona.

No me cansaré de decir lo importante que es cometer errores y equivocarse. Cómo te sientas al respecto dependerá de lo que te cuentes.

5

El automachaque

Tu diálogo interior es esa conversación que tienes contigo mismo que parece no acabar nunca. Puede ser sobre situaciones, sobre otras personas o sobre ti mismo.

Este diálogo puede ser tanto positivo como negativo, depende de la persona y de la situación en la que se encuentre. Como el ego es el eterno juez, si tienes una baja autoestima, los juicios más severos serán contra ti mismo: siempre lo podrías haber hecho mejor, nunca eres suficiente y te comparará con otras personas que juzga mejores. El automachaque del ego te puede hundir en la miseria. Pero ¿de dónde viene esa voz criticona que no para de juzgarnos?

El ego es quien crees que eres, y dependiendo de cómo se haya ido formando según tus experiencias, de cómo estén tu autoestima y amor propio, te juzgará de una manera u otra. Quien crees que eres está formado por todas esas etiquetas y rasgos con los que te defines. Así que tu diálogo interior estará influenciado por todos los condicionamientos externos que hayas recibido y las experiencias de vida que hayas tenido.

Pero ese diálogo interior no eres tú. Tus pensamientos o emociones sobre ti mismo no te definen, son solo una construcción que tu ego ha ido creando.

Ahora que somos adultos, tenemos la responsabilidad de cuestionarnos todo aquello que pensamos de nosotros mismos: ¿en qué se basan tus juicios sobre ti mismo? ¿Quién hizo que pensaras así? ¿Quién te hizo dudar de tu valía? ¿Qué piensas realmente de ti? ¿Cómo te defines? ¿Cuáles son tus virtudes? ¿Y tus fortalezas? ¿Qué necesitas para amarte y respetarte?

> No olvides ser el observador de tus pensamientos, no te identifiques con ellos.

Hazte responsable de tu propia identidad, pero recuerda que aquello con lo que te definas también formará parte de tu ego. Tus nuevas etiquetas o el reconocimiento de tus virtudes también serán parte de la construcción de identidad de tu ego, aunque puedes elegir dónde pones tu atención. Puedes tener una imagen de ti consciente y no condicionada por tus padres, por tu entorno o por tus experiencias de vida.

Cuando me formé en adolescentes y familias hubo una frase que me caló muy hondo: «Siempre estás a tiempo de haber tenido una infancia feliz». Al principio no la entendí, pero la profesora nos explicó que nuestros recuerdos dependen de lo que nos contemos sobre ellos. Si ponemos la atención en las veces en que sufrimos o en el daño que nos hicieron, las emociones con las que probablemente conectemos serán la tristeza y la rabia. Nuestro discurso sobre nuestra infancia será desolador. Sin embargo, podemos elegir poner la atención en todo lo bueno vivido, en los momentos felices y en las personas que más nos aportaron. Sin olvidar nunca los aprendizajes que tuvimos.

Nuestro diálogo interior no es más que eso, historias que nos contamos y pensamientos que creamos a raíz de experiencias vividas, pero siempre tendremos la opción de elegir dejar de identificarnos con ellos y convertirnos en el observador y creador de nuestra propia realidad.

LOS PENSAMIENTOS NEGATIVOS

Los pensamientos negativos forman parte de nuestro diálogo interior. Son solo pensamientos, en ningún caso una realidad. El problema es que vienen sin avisar, de forma automática, y nos anclamos a ellos, dejándonos llevar como si fueran parte de nosotros.

Una vez más, toca marcar distancia y crear consciencia de que estamos entrando en un bucle de negatividad. Si no somos capaces de hacer ese parón, los pensamientos negativos acaban dominándonos por completo.

LA NEGATIVIDAD DE JUAN

Juan era un cliente que se puso como objetivo ser una persona positiva. Decía que llevaba toda la vida siendo muy negativo y que le afectaba mucho en la toma de decisiones y en sus relaciones personales, ya que acababa desilusionado de todo y de todos.

Le pregunté por un ejemplo donde considerara que estaba siendo negativo y cuando me lo contó, le pregunté: «¿Qué pensaría una persona positiva en la misma situación?». Y sin mucho titubeo me explicó sus beneficios y oportunidades.

¿Era Juan una persona negativa? No. Lo estaba siendo la mayor parte de las veces, pero tenía la capacidad de pensar en positivo. Nadie le estaba chivando las respuestas.

Juan había vivido una situación traumática cuando era niño que lo convirtió en una persona negativa como mecanismo de defensa para afrontar futuras situaciones.

El ejercicio de Juan consistió en sacar ese lado positivo que tenía dentro en todas las situaciones de su día a día. Llevaba más de cuarenta años «siendo negativo», así que no fue una tarea fácil cambiar el chip tras la toma de consciencia.

Nadie puede ser siempre de la misma manera, no existe tal perfección. Todos estamos en proceso de formación y tenemos la capacidad de elegir crear consciencia para no dejarnos llevar por nuestra mente automática.

Todos podemos cambiar, no tengo dudas al respecto, yo misma he cambiado mucho y he visto cambiar a mis clientes. Pero tenemos que tener presente que si llevamos años «siendo» de la misma manera, tenemos que entrenar nuestra mente a diario, porque el cambio no se produce de la noche a la mañana. No será fácil ni tampoco rápido, pero el esfuerzo merecerá la pena.

6
Tomarse todo como algo personal

Lo que dice Juan de Pedro

Como hemos mencionado muchas veces, el ego necesita ser valorado y reconocido, así que no se toma demasiado bien las críticas. A ninguno nos gusta que nos juzguen o critiquen, pero es algo que nada tiene que ver con nosotros, sino con la persona que emite el juicio o la crítica.

Recuerda que lo que dice Juan de Pedro dice más de Juan que de Pedro. Es imposible gustar o caer bien a todo el mundo, y más difícil todavía es esperar que las personas estén llenas de amor, empatía y libres de juicios. Pero eso será la lucha del otro, no la tuya.

Todos tenemos nuestra propia guerra que librar, aunque ni siquiera seamos conscientes de ello. Lo que tenemos dentro, lo proyectamos fuera.

Siempre digo que tengo una comunidad preciosa en Instagram, con personas increíbles que comparten sus experiencias y opiniones, y que creo que aportan mucho valor a mi cuenta y a mí misma.

Mi Instagram está destinado a aportar información y herramientas para tu bienestar y felicidad, y sin embargo no me libro de recibir alguna crítica de vez en cuando. Cuando empecé me importaba mucho más, podía estar un día entero dándole vueltas. Mi ego se sentía herido porque alguien me había hecho un comentario desafortunado y me quedaba atada a mi egocentrismo. No era capaz de ver más allá de «alguien me ha criticado *a mí*». No llegaba a plantearme el tipo de persona que había detrás del comentario, los problemas personales y psicológicos que podía tener, su necesidad de atención o de hacer daño… Le estaba dando a un completo desconocido un poder ridículo sobre mi tiempo y mis emociones.

Si ahora recibo un comentario desde la mala vibra, ya sea sobre el contenido o sobre mí, se convierte en algo ajeno. Es cierto que la mayoría de las veces ni termino de leer el mensaje y nunca contesto. O cierro la conversación o bloqueo a la persona. ¡Creo que ya he bloqueado a tres o cuatro desconocidos!

Entiendo que esas personas no están bien consigo mismas y que solo pueden dar lo que tienen dentro, pero también valoro mucho mi tiempo y mi energía como para darles algún tipo de atención.

Tenemos que ser muy conscientes del poder sobre nosotros que estamos repartiendo a personas que ni siquiera nos importan. Recuerda salir del egocentrismo, la película no va contigo por mucho que seas el criticado, tú simplemente eres un «daño colateral» de la toxicidad que tienen otras personas, y es tu responsabilidad dejar o no que te invada.

LAS PERSONAS TÓXICAS

Una persona es tóxica para ti si cada vez que estás o hablas con ella te vas peor de lo que habías llegado. Suelen ser personas negativas, que siempre se quejan, que siempre hablan de sí mismas, que siempre critican y juzgan a los demás, que son víctimas de la vida y de las circunstancias y que emocionalmente te dejan agotado.

Las personas tóxicas pueden absorber toda nuestra energía y nos pueden afectar mucho psicológica y emocionalmente. También es un tema estrella en mis sesiones de *coaching*. Sin embargo, la toxicidad también es algo subjetivo y el egocentrismo suele estar presente.

Por ejemplo, un compañero de trabajo puede ser tóxico para ti, pero no para tu jefe. Por tanto, que consideremos tóxica a una persona puede proceder de nuestro ego juzgador, influenciado por nuestras experiencias de vida. Y por otro lado, estamos dejando que los comportamientos, comentarios o energía negativa de otro nos afecten y, por tanto, muchas veces nos estamos tomando sus acciones, comentarios o actitudes como algo personal.

Ahora bien, al ser consciente de ello, está en tu mano decidir poner límites o distancia con aquellas personas que te reducen la energía. No tenemos que aguantar a todo el mundo todo el tiempo, somos humanos y también es necesario que nos cuidemos de aquellas personas que nos hacen daño, por mucho que sea nuestro ego (tomándose las cosas de manera personal) quien esté influyendo en nuestro bienestar.

> Ojalá nadie tenga el poder sobre tus sentimientos más que tú mismo, pero empieza por quitárselo a aquellas personas que te reducen la energía.

Muchas veces no podemos —o no queremos— alejarnos de esa persona que consideramos tóxica porque es nuestra propia madre, y es ahí donde nos toca hacer un trabajo interior para contemplarla desde la aceptación y la compasión, sin tomárnoslo como algo personal y dándonos cuenta de que el problema lo tiene la persona tóxica, no nosotros, ya que probablemente hayamos visto que se comporta de esa manera con otros y que suele albergar mucho dolor y sufrimiento. Intenta no darle poder sobre tus sentimientos a aquellas personas que crees que no se lo merecen.

ODIO QUE ME MIENTAN

Cuando la mentira nos genera emociones desagradables lo más probable es que nos la estemos tomando como algo muy personal. Cuando alguien nos miente, nuestra forma de interpretarlo suele ser como una falta de lealtad, de honestidad, de respeto, de confianza o de valoración. Otra vez estamos mirando a través de las gafas de nuestro egocentrismo.

En vez de entender que mentir es un problema de la persona que lo hace, vemos lo que produce en nosotros. Un mentiroso puede tener problemas de inseguridad, de falta de confianza, de cobardía, de identidad… y un largo etcétera. Incluso en las relaciones, si nuestra pareja nos miente, lo juzgamos como una traición en vez de entender que dice mentiras para protegerse y que el problema es suyo.

SARA Y EL MENTIROSO DE SU MARIDO

Sara tenía 43 años y estaba desolada porque su marido le había mentido y ya no podía volver a confiar en él. Llevaban casados quince años. Hacía unos meses había visto un cruce de mensajes en el móvil de su marido con una compañera de trabajo de la que nunca le había hablado, en el que quedaban a tomar café en un descanso y ella luego le agradecía enormemente el encuentro.

Al día siguiente, Sara quiso tantear el terreno para que su marido le hablara de ella y tratar de encontrar una explicación sin tener que confesar que había mirado su WhatsApp. Básicamente le preguntó por sus compañeras y él dijo que no tenía relación con ninguna.

Sara no pudo evitar saltar ante la mentira y le dijo lo que había visto. Le recriminó aquella relación «secreta» y que fuera capaz de mentir cuando le preguntaba directamente. Su marido le explicó que su compañera estaba pasando por un mal momento, que le había pedido que tomaran un café para desahogarse y que él no supo decir que no. Le dijo que había sido la primera vez que hablaban más de cinco minutos y no le dio mayor importancia, pero que, en cualquier caso, no se lo había comentado porque temía su reacción, ya que, según sus palabras, siempre había sido muy celosa.

Sara confiaba en la historia de su marido, pero se había quedado atascada en la mentira de que «no tenía relación con ninguna compañera». Si había sido capaz de mentir una vez, a saber cuántas veces lo habría hecho antes y cuántas más le mentiría después.

Confieso que me pareció un poco dramática la interpretación, pero sé que eso tiene que ver con cómo soy yo y que el sufrimiento de Sara era tan real y lícito como el de cualquiera. Solo podía ver que él le había mentido, y no que su marido únicamente parecía tratar de evitar un conflicto y no afrontar un error. Con un error me refiero a haber aceptado tomar un café con su compañera, ya que, dentro de los límites de su relación de pareja, no se consideraba apropiado, y mentir sobre ello, aún menos. Según él, no había sabido cómo gestionarlo y decirle que no a su compañera, y tampoco supo cómo hablarlo con Sara, ya que no lo consideraba algo importante y quería ahorrarse una discusión.

En este ejemplo parece que no hubo malas intenciones por parte del marido de Sara, simplemente quiso huir de los problemas y no sentirse incómodo con una compañera. La infidelidad, sin embargo, es otro asunto.

Hay muchísimos motivos por los cuales se es infiel: inseguridad personal, necesidad de ser halagado y deseado, inestabilidad emocional, autoestima baja, carencias afectivas, cobardía para dejar una relación, etcétera. El porcentaje de personas que son infieles pensando «Voy a humillar a mi pareja, a hacerle daño y a romper nuestra confianza» es prácticamente inexistente, no suele ser algo en contra de la pareja, sino un asunto personal. En vez de comprender, por ejemplo, que nuestra pareja alimenta tristemente su autoestima «gustando» a otras personas y teniendo relaciones con ellas, nuestro primer pensamiento es «por qué a mí» o «cómo ha podido hacerme esto».

Por supuesto que eso no quita que pierdas la confianza en ella y no quieras compartir tu vida con alguien que miente y recurre a la infidelidad para sentirse mejor consigo misma. Tampoco quita que la honestidad sea uno de tus valores principales, que te impide ser flexible, y decidas cortar por lo sano. Pero no lo tomes como algo personal o como una ofensa, tómatelo como alguien que miente con el que no quieres compartir tu tiempo o tu vida.

PARTE IV

TU PAZ
INTERIOR

1
CÓMO TRASCENDER EL EGO

Hasta ahora hemos visto dónde se esconde nuestro ego y cómo nos afecta. Si no estabas familiarizado con el ego, puede que te sientas un poco perdido, así que en esta última parte te voy a ayudar a que conectes contigo mismo para ser libre y vivir en paz.

ENTONCES, ¿QUIÉN SOY?

El ser, como su propio nombre indica, es quien realmente eres, sin máscaras, sin condicionamientos, sin juicios; el ser es tu «yo verdadero». A mí me gusta llamarlo «ser», pero hay quienes lo llaman alma, esencia, espíritu, consciencia plena... Y hay otros que diferencian estos conceptos, dando un significado diferente a cada uno de ellos.

Puedes llamarlo como quieras, lo importante es que conectes con él y sepas identificarlo y separarlo del ego. Yo lo llamo «ser» porque es la palabra que más me resuena y quizás la que más haya escuchado o leído en estos años de investigación para entender al ego.

El ser es pureza y consciencia plena. Es el observador de todo lo que pasa a su alrededor y de tu propio ego. Es el que puede observar tus pensamientos, tus emociones y tus experiencias sin identificarse con ellas. El ser es aceptación plena y amor incondicional.

Como explicábamos en la primera parte, tus rasgos, pensamientos, emociones y experiencias vienen y van, pero tu ser está siempre presente, no puede desaparecer, porque es lo único que ES.

El ser es libertad y está lleno de infinitas posibilidades. No tiene limitaciones ni condicionamientos. Tampoco juzga.

En mis sesiones de *coaching*, como he contado, dejo que mis clientes le pongan el nombre con el que se sientan más conectados o con el que les resulte más fácil identificar esa dualidad que convive en nosotros. Los más repetidos son «el ángel y el demonio», «mi parte racional o irracional», «mi parte consciente o inconsciente»; también seudónimos o nombres falsos. Se trata de ser capaz de hacer esta diferenciación y saber cuándo es tu ego el que piensa, siente y actúa o cuando eres tú realmente. Tú también puedes hacer lo mismo. El nombre es lo de menos, lo importante es que te reconozcas. ¿Cómo llamarías a esta dualidad que existe dentro de ti?

> Tu ser es esa parte tan pura, buena, honesta y humilde que se compone de amor y que siempre ha formado parte de ti. Tú no eres tu ego, tú eres y tienes un ego.

Eres quien escucha los pensamientos que invaden tu mente. Puedes ser un oyente pasivo y dejarte llevar por ellos, o puedes ser un oyente activo y convertirte en un observador de tu mente y de tu ego para decidir qué quieres hacer con todo ello. Cuando te conviertes en un oyente u observador de tus pensamientos eres capaz de dejar de identificarte con ellos y también de poder analizarlos y cuestionarlos.

El ser es sencillo, no necesita nada y tampoco necesita demostrar nada a nadie, ni siquiera a sí mismo. Está completo simplemente siendo. Desde el ser no tienes que llegar a «convertirte en alguien», porque ya eres perfecto tal y como eres.

Quiero volver a aclarar que no te puedes deshacer del ego, ya que forma parte de ti, pero sí que puedes quitarle el poder que siempre le has dado.

Cuando me adentré en el mundo del ego y empecé a comprenderlo, mi deseo era eliminarlo. ¿Y sabes qué pasó? Que caí en su propia trampa y entré en el círculo vicioso del ego: quería trabajar mi ego para ser mejor profesional y mejor persona, es decir, quería ser mejor, es decir, mi ego quería ser mejor. ¡BUM! Perdí la partida, y vuelta a empezar. ¿Qué narices tengo que hacer con esto del ego? ¿Dejar de trabajarlo? ¿Dejar de intentar entenderlo? ¿Aceptarlo? Me resultó bastante difícil salir del bucle.

CÍRCULO VICIOSO DEL EGO

Este dibujo lo hice hace tres años mientras estábamos visitando a la familia de Beli en Argentina. Siempre íbamos al menos dos semanas y yo aprovechaba para leer e investigar. En ese momento estaba leyendo sobre psicología transpersonal e intentaba entender algo sobre el ego.

El ego espiritual

Iremos viendo en los siguientes capítulos cómo conectar con nuestro verdadero ser, pero antes quiero hablarte del ego espiritual, porque puede hacer que te confundas fácilmente.

Es bastante probable que el estudio del ego o de la mente te lleve, como a mí, por caminos espirituales, porque lo científico (la psicología tradicional) tiene sus limitaciones, al ser una disciplina muy joven. Creo que nos pasa a la mayoría de frikis apasionados de la mente y del sentido de la vida. Llega un punto donde te encuentras con un techo gigante que te impide avanzar, y para romperlo toca abrir las puertas a todo aquello que no es terrenal, donde la ciencia todavía no ha podido llegar. Empiezas a entender mejor al ser humano y su conducta, y por ende empiezas a entenderte mejor a ti mismo. Consigues ver las cosas desde otra perspectiva, dejas de tomarte casi todo de manera personal, tienes mayor empatía, sientes mayor compasión y empiezas a vivir más en paz. Descubres que hay algo más potente e importante que la simpleza de nuestra vida. Dios, la energía, el universo...

Pero de repente... ¡BUM DE NUEVO! Te crees mejor y más sabio que los demás y empiezas a dar lecciones de vida o, por lo menos, a dar lecciones de vida mentalmente. Y esa compasión que creías que habías alcanzado se convierte en una especie de lástima: «Pobre... Si él o ella supiera...». Crees que tienes la clave para solucionar la vida de todo el mundo, que sabes exactamente qué necesitan y qué tienen que hacer para dejar de sufrir. Asimismo, tu vida gira en torno a tener la mejor conducta, a realizar las mejores acciones, a tener los hábitos más saludables, a conectar con tu lado espiritual... Y si no tienes cuidado, la exigencia puede apoderarse de nuevo de ti. El ego espiritual se ha instaurado en ti. El personaje simplemente ha cambiado sus rasgos y sus identificaciones, pero está más presente y escondido que nunca.

¿Toca volver a la casilla de salida? Bueno, no hace falta que seamos tan exigentes.

Creo que es importante entender que cada persona tiene su propio proceso de vida, y es importante respetarlo. Puede que la clave para que tu mejor amiga deje de sufrir sea que consiga perdonar a su madre, y para ello necesita entender el perdón, tomar consciencia, apartarse de su ego, empatizar y generar compasión hacia ella, pero es algo que probablemente tenga que descubrir y experimentar ella sola o con ayuda de un profesional. Como cuando tiene al novio más tóxico de la faz de la Tierra y todo el mundo se lo dice, pero ella no consigue o no quiere verlo, y pasan un par de años hasta que lo acepta o se da cuenta. Ella necesitaba pasar por todas esas experiencias, por todo ese dolor y por todos esos golpes de realidad para acabar con su relación. Y tu opinión, dicha desde el amor a tu amiga con la mejor de tus intenciones, no era lo que ella precisaba en ese momento. El tiempo no lo cura todo, simplemente nos ayuda a ver las cosas con perspectiva y a darnos el espacio que necesitamos para sanar. No tenemos que ser los salvadores de nadie más que de nosotros mismos.

RECUERDA QUE...

— Tu ser es tu verdadero yo.
— Es esa parte pura y llena de amor que tienes dentro.
— El ser es pureza, consciencia plena, aceptación, libertad y amor incondicional.
— El ser vive desde dentro, el ego vive desde fuera.
— Cuidado con el ego espiritual, puedes confundirlo con tu verdadero ser.

Encontrarme a mí mismo

A continuación podrás ver cómo puedes identificar a tu verdadero ser. El primer paso es la toma de consciencia. Hasta que no dejes de vivir en automático, tu ego o tu mente no lo va a dejar de hacer por ti. No podemos vivir conscientes 24/7, pero sí crear consciencia cuando más lo necesitemos.

El amor

El ser piensa, siente y actúa desde el amor. Yo siempre invito a hacer la siguiente reflexión: ¿qué pensarías o harías si lo hicieras desde el amor? Por ejemplo, ¿cómo juzgarías a los demás o te juzgarías a ti mismo desde el amor? El ser simplemente no juzgaría, y en el peor de los casos, interpretaría las circunstancias desde el amor si quiere encontrar una explicación.

Y esta cuestión es extrapolable a cualquier decisión que tengas que tomar en tu vida. ¿Estás tomando esta decisión desde el miedo o desde el amor? Desde el ser no existe el miedo. Todo es perfecto tal y como es, todo lo que tenga que pasar, pasará, y no se identificará con ello.

A través de mi cuenta de Instagram realizo sesiones de preguntas y respuestas cortas para poder contestar a mis seguidores cuestiones que no les permiten avanzar, tomar una decisión o estar en paz consigo mismos.

Como siempre, las preguntas más repetidas que recibo tienen que ver con la autoestima, las relaciones de pareja y con la situación laboral. Con respecto a la pareja, han compartido conmigo muchas veces que no saben qué hacer con su relación, si siguen o no enamoradas o enamorados, que se han acostumbrado a la vida en pareja y a la rutina y que dudan de si deben dejar la relación o continuar porque «no están mal». Suelo contestar: «¿Qué harías si no tuvieras miedo?».

Recuerda que el ego vive desde el miedo, y a la hora de terminar con una relación de pareja siempre aparecen los mismos: «Y si me equivoco», «Y si no encuentro a nadie más», «Y si nadie me vuelve a querer», «Y si me quedo sola», «Y si no vuelvo a encontrar a nadie que me guste»... Y acabamos resignándonos a compartir nuestra vida con alguien con quien estamos cómodos (en el mejor de los casos) pero con el que ya no somos felices.

Cuando hablo de pensar, sentir, actuar o tomar decisiones desde el amor, no me refiero al amor romántico o al amor a otras personas, sino desde el amor que hay dentro de ti, desde el amor a uno mismo y a todo a la vez. Desde la más completa honestidad y valentía, sin miedos.

RECUERDA...

— ¿Qué pensarías desde el amor?
— ¿Qué harías desde el amor?
— ¿Qué harías si no tuvieras miedo?

La aceptación

Tu ser reconoce y acepta las cosas tal y como son: los diferentes acontecimientos, cualquier contratiempo, a las personas que te rodean y sus acciones y, por supuesto, a ti mismo. No hay juicios, no hay exigencia, no hay expectativas, no hay necesidad de control, no hay miedos.

Es imposible que todo sea o salga como queremos. Por eso no tiene sentido querer tener el control de todo lo que pasa a nuestro alrededor, o esperar que las cosas o las personas sean como a nosotros nos gustaría. No tiene sentido porque, por un lado, no podemos controlar aquello que es externo y no depende de nosotros, y, por otro lado, cuando sí que está en nuestras manos no siempre sale como habíamos imaginado.

El ser acepta las decisiones que tomamos o las acciones que realizamos desde el amor. No podemos predecir o controlar el futuro. El control forma parte del ego. El ser simplemente acepta. Todo es perfecto tal y como es. Todos los errores o imprevistos que experimentamos a lo largo de nuestra vida son los mejores aprendizajes que podemos llevarnos.

¿Y qué aceptamos, exactamente?

En las relaciones con los demás:
— Que otras personas no vean las cosas como nosotros las vemos.
— Que no todos compartimos los mismos valores.
— Que no todas las personas actuarían como nosotros lo haríamos.
— Aceptamos a las otras personas tal y como son.

En las relaciones con nosotros mismos:
— Aceptamos nuestros defectos como seres perfectamente imperfectos que somos.

— Aceptamos nuestros errores como parte de nuestro aprendizaje.
— Aceptamos no hacer siempre las cosas lo mejor posible.
— Aceptamos nuestras emociones, sean agradables o desagradables, ya que son sistemas de alerta muy poderosos para nosotros.
— Aceptamos nuestras acciones o conductas cuando estamos bajos de energía o pasando por un mal momento, ya que somos humanos.
— Aceptamos nuestro pasado.

En las relaciones con el entorno:
— Que las cosas no salgan como a nosotros nos gustaría.
— Los cambios y los imprevistos de la vida que nos sacan de nuestra zona de confort.
— La incertidumbre del futuro.

Es importante saber que la aceptación no significa resignación o conformismo. No significa ser pasivo o estar de acuerdo o conforme con lo que ha pasado. La aceptación es dejar de luchar contra lo que es y no puede ser cambiado. La aceptación es una decisión que tomamos libremente desde el amor y nos predispone hacia la acción.

Todos nosotros somos responsables de nuestra vida y de nuestro bienestar, y estamos en nuestro derecho de realizar las acciones o los cambios que consideremos necesarios para mejorar aquello que nos incomoda o nos causa sufrimiento, siempre y cuando esté en nuestras manos y haya algo que podamos hacer al respecto. Si no aceptamos, el sufrimiento, el papel de víctima y la queja no nos dejarán actuar en consecuencia.

No aceptar significa sentir una resistencia interna hacia lo que ya ES; no vas a poder cambiarlo, no vas a poder hacer nada con ello, las cosas han sucedido tal y como han sucedido, por lo que no aceptarlo es absurdo. La no aceptación no va a hacer que las cosas cambien.

Solo a través de la aceptación, la calma y la claridad mental podremos estar presentes para evaluar qué hacer o no hacer al respecto.

RECUERDA QUE...

— La aceptación implica reconocer y aceptar las cosas tal y como son.
— La aceptación se hace desde el amor y la comprensión.
— La aceptación no es resignación o conformismo.
— La aceptación implica soltar el miedo y el control.

El presente

El ser vive en el presente, es decir, en el aquí y el ahora, ya que es lo único real. No sufre por cosas del pasado que ya no existen, o por supuestos futuros que tampoco son realidad. El único margen de acción, el único momento real, es el momento presente. Es aquí donde está la vida, es aquí donde está la única realidad que puedes disfrutar, aprovechar, sentir o apreciar. El pasado y el futuro son solo pensamientos, no existen.

¿Te has parado a pensar que la mayor parte del tiempo tu mente está pensando en el pasado o en el futuro? ¿Te has dado cuenta de que no hay nada que puedas hacer para estar ahí?

Pensar en el pasado solo nos sirve para aprender de él, y pensar en el futuro para propiciar ir hacia algo que nos gustaría. Pero solo existe lo que sucede en este mismo instante, así que tienes que actuar en tu presente.

En mi opinión, las culturas orientales nos llevan muchísimos años de ventaja en el estudio y la comprensión del sentido de la vida. Desde hace años me pregunto: los orientales deben pensar que los occidentales tenemos alguna especie de retraso, ¿verdad? Siempre centrados en lo externo y en lo material. Sí, parecemos sociedades avanzadas, pero avanzadas ¿según qué criterio?, ¿el tecnológico?, ¿el económico?

La depresión y la ansiedad se han instalado en nuestras vidas para quedarse. Y lo peor es que lo hemos normalizado. Según la Encuesta de Salud Europea (European Health Interview Survey) se calcula que más del seis por ciento de los europeos sufren depresión, y la incidencia es mayor en los países más ricos, es decir, con mayor desarrollo económico.

Por suerte, desde hace algunos años, la meditación y el *mindfulness* han ido ganando protagonismo en nuestras vidas. Es cierto que la mayoría de la gente los asocia con técnicas de relajación, pero la calma y la tranquilidad son solo una consecuencia, no su fin. Gracias a la meditación y al *mindfulness* aprendemos a conectar con el aquí y el ahora. Nos hacemos conscientes de lo que pasa a nuestro alrededor en este momento concreto y en nuestra mente. Salimos del piloto automático cargado de condicionamientos que decide por nosotros y nos permitimos hacernos responsables de nosotros mismos, nos permitimos ser.

Quiero ponerte varios ejemplos simples del día a día donde solemos estar en piloto automático:

Ir al trabajo conduciendo, en transporte público o caminando sin apenas darnos cuenta del camino, absortos en nuestros pensamientos.

Ducharnos de forma mecánica, sin darnos cuenta de que nos enjabonamos mientras pensamos en otras cosas.

Desayunar con la mente en lo que pasó el día anterior o el día que tenemos por delante.

Hacer una tarea mientras pensamos en todo aquello que nos queda por hacer.

Si no somos capaces de estar presentes en momentos tan sencillos y cotidianos, ¿cómo vamos a estar presentes en lo que pasa en nuestra mente? ¿Cómo vamos a ser conscientes de que es nuestro ego quien está dominando la situación? ¿Cómo vamos a convertirnos en el observador de algo tan complejo si no podemos hacerlo con lo más sencillo?

Creo que ahí está la clave de la práctica de la meditación y el *mindfulness*. No se trata de que te relaje (aunque seguro que lo hará), se trata de enseñarte a estar conectado. Si te resultan conceptos demasiado místicos, son tan sencillos como «estar concentrado» en lo que estás haciendo en cada momento. Poner tus sentidos y atención en tu trayecto al trabajo, qué ves, qué oyes, qué hueles… Ducharte sintiendo el agua caer por tu cuerpo, su temperatura, la humedad, el olor del jabón, el sabor del agua… Desayunar saboreando tu café, siendo consciente de su temperatura, de su olor, de su textura… Es decir, poner tu máxima atención en cada tarea que hagas como si no existiera ninguna otra. Estos momentos nos permiten quitar el piloto automático y recuperar la consciencia.

Necesitamos esta capacidad de poder parar y observar lo que pasa en nuestra cabeza cuando nuestro ego está presente. Ser capaces de detectar cuándo nos estamos identificando con algo externo a nosotros, cuándo estamos juzgando o actuando por y para la aprobación ajena o cuándo desde el miedo, cuándo nuestros pensamientos se anclan en el pasado o empiezan a volar al futuro, o cuándo la ambición y el poder se apoderan de nosotros. En ese momento podemos hacer una pausa y empezar a conectar con nuestro ser.

RECUERDA QUE…

— Solo existe el momento presente.
— El pasado y el futuro son solo pensamientos.
— El único momento es ahora.

Los cinco pasos

A continuación quiero compartir contigo cinco pasos para poder identificar al ego y así dejarlo a un lado para que saques a tu verdadero ser.

PASO 1: EL SISTEMA DE ALERTA

Para pasar del ego al ser, el primer paso es identificar cuándo nuestro ego está ejerciendo su poder. Hemos visto diferentes formas de hacerlo que requieren una pausa, un análisis de la situación y de nuestra reacción para saber que es el ego quien está presente.

No podemos estar alerta o vivir conscientes 24/7, pero sí podemos hacerlo cuando más lo necesitemos.

Los sistemas de alerta infalibles para darnos cuenta de que es nuestro ego quien está asumiendo el control y que estamos completamente desconectados de nuestro ser son nuestras emociones y nuestro cuerpo.

PASO 2: LAS EMOCIONES

Como sabes, no existen emociones negativas, porque algo que nos aporta tanta información para mejorar nuestra vida no puede ser negativo, pero sí que pueden ser desagradables. Las emociones desagradables más típicas suelen ser la tristeza, la ira, el miedo, el odio, el rencor, la frustración, la envidia, la vergüenza, la culpa y los celos.

Sentir cualquiera de estas emociones es una alerta bastante fiable que te avisa de que ahí está tu ego. En la Parte III de este libro ya he comentado que el responsable de los seis grandes puntos de dolor es nuestro ego. Y se identifica tanto con tus pensamientos como con las emociones que estos te provocan.

El ser es el observador de estas emociones, no se identifica con ellas. El ser sabe que no forman parte de él porque son perecederas, vienen y van. Si las observas y las analizas con perspectiva puedes decidir qué hacer con ellas. Puedes dejarlas ir, puedes transformarlas o puedes actuar para cambiar la situación.

PASO 3: EL CUERPO

El cuerpo es un sistema de alerta potentísimo que apenas utilizamos. Tiene diferentes formas de avisarnos de que algo no va como debería: mediante la enfermedad y diferentes dolencias —cualquier síntoma que no asociemos a ninguna enfermedad en concreto o a ningún acontecimiento físico, como pueda ser una caída— o gracias a la intuición.

El cuerpo habla cuando nuestro ser sufre. La forma más fácil de verlo es mediante esas enfermedades o dolencias que prácticamente todos hemos tenido y que nuestra sociedad ha normalizado. En el mejor de los casos, las asociamos al estrés y nos quedamos tan pichis: «Tengo una contractura pero es del estrés», «Voy cinco veces al baño al día pero es del estrés», «Cuando estoy estresada tengo jaquecas». Los síntomas físicos más comunes son: problemas digestivos, migrañas, dolor muscular, insomnio o cansancio excesivo. Pueden estar causados por un problema actual o por uno del pasado, como un posible trauma.

Detrás de ese estrés, de esa tristeza o de esa rabia que acaba afectando a nuestro cuerpo suele haber un ego tomando el control. Puede estar juzgando situaciones como injustas, puede hacer que esté en el «deber» en vez de en el «querer», quizás esté pensando constantemente en lo que ha ocurrido o lo que está por llegar, puede tener miedo a posibles acontecimientos, o quizás se siente herido o menospreciado por alguna relación.

Nos parece más grave coger un virus que sufrir estrés, cuando el trabajo que implica superar ese estrés o ansiedad puede ser muchísimo más difícil y duro que una infección vírica. Y no solo eso, el virus suele ser por algo externo a ti, como un contagio, mientras que el estrés depende cien por cien de ti. Solo tú puedes tomar las medidas necesarias para rebajarlo o eliminarlo. Solo tú puedes escuchar lo que tu cuerpo te está diciendo y provocar el cambio que necesitas para sentirte en paz.

RECUERDA QUE...

— Las emociones y tu cuerpo son los sistemas de alerta más poderosos.
— Cuando sientas cualquier emoción desagradable, identifícala, obsérvala y analízala. No intentes evitarla o esconderla, es muy importante que la escuches, te está dando una información muy importante y te está ayudando a reconocer tu ego.
— Cuerpo y mente están conectados. Tu mente puede engañarte, pero no tu cuerpo. Escucha a tu cuerpo, préstale la atención que se merece, no te dejes para después.

PASO 4: El *STOP*

Una vez que eres capaz de identificar el momento en que estás sintiendo una emoción desagradable, o que tu cuerpo te está gritando, haz un *stop*. Para, haz una pausa para alejarte física o mentalmente de donde estés en ese momento y conecta contigo mismo.

Puedes apartarte a un lugar silencioso y empezar a respirar conscientemente para calmar el ruido de tu mente. Si estás con otras personas puedes pedir cinco minutos o ir al baño. Haz tantas respiraciones como consideres necesario para relajarte y estar presente. Y haz también esta pausa tantas veces como necesites para reconectar. No te dejes llevar por el caos de tu mente con cientos de pensamientos por minuto. Esta pausa es muy necesaria.

Gracias a esta pausa saldrás de tu piloto automático. Esto nos permite no dejarnos llevar por la emoción provocada por nuestras interpretaciones o juicios, y que nuestro ego no se haga con todo el control.

¿Qué estás sintiendo exactamente? ¿Cuál es la emoción predominante? Identificar nuestras emociones nos ayudará a entendernos a nosotros mismos con mayor claridad.

Vivimos en un mundo que no se detiene, vamos con prisa a todos lados y siempre estamos pendientes de lo que tenemos que hacer después. Paramos muy poco (si es que lo hacemos) y nuestra vida se convierte en una rutina donde los días van pasando casi sin darnos cuenta, dejándonos llevar por el piloto automático de nuestra mente.

Hacer estas pausas, aunque sea una vez al día, nos ayuda a conectar con nosotros mismos para redirigir o cambiar aquello que nos está haciendo daño y hacernos dueños y responsables de nuestra propia vida y felicidad. Parece algo sencillo, pero, como estamos viendo, no estamos acostumbrados a hacerlo.

RECUERDA QUE...

— Cuando sientas que una emoción desagradable está aflorando, haz una pausa.
— Encuentra un lugar tranquilo para apartarte si es necesario.
— Respira conscientemente para poder evaluar la situación con mayor claridad.
— Identifica qué emoción está predominando.

PASO 5: EVALUAR HECHOS E INTERPRETACIONES

Una vez hecha la pausa, nos toca analizar los hechos que nos han desestabilizado. ¿Qué me está causando esta emoción? ¿Qué ha pasado exactamente?

Este análisis tiene que estar libre de juicios e interpretaciones. Es decir, ante la descripción de los hechos, cualquier persona ajena a la situación debería poder decir lo mismo. Por ejemplo: «Adrián ha sido maleducado conmigo y me ha faltado al respeto». Aquí no habría ninguna descripción de los hechos, tan solo una interpretación, que, como sabes, estará condicionada por tu educación, por tu entorno, por tus creencias y por tus juicios. En este caso, el hecho concreto podría haber sido: «Cuando Adrián ha entrado en la reunión, ha saludado a todos los integrantes del equipo menos a mí». Y puede que este mismo hecho, para tu compañera Sofía, no signifique una falta de respeto o de educación.

Es muy importante que sepas distinguir los verdaderos hechos de la interpretación que haces de ellos. Normalmente el conflicto aparece después de la interpretación, y nos comunicamos con los demás a través de ella, lo que suele ocasionar que el presunto ofensor se sienta atacado o juzgado. Y no solo eso, sino que da lugar a un montón de malentendidos que pueden causarnos mucho dolor. Por supuesto que tu ego va a creer que tu interpretación es una realidad y que así son las cosas. Además, no tiene ningún interés en dejar sus juicios y su razón de lado, por eso tienes que mantenerte firme y no identificarte con tus pensamientos interpretativos.

En la mayoría de los casos, de un mismo hecho puede haber múltiples interpretaciones, así que será necesario saber separar las nuestras para poder aclarar o resolver cualquier conflicto o preocupación, así como identificar los de los demás.

Adrián pudo no saludarte porque en ese mismo momento se distrajo con un pensamiento intrusivo, o porque inició una conversación con otro compañero y se le olvidó completamente. Quizás sí que evitó saludarte conscientemente, pero antes de juzgar su comportamiento pide una explicación. Ahórrate cualquier película que te puedas montar en la cabeza y aclara lo sucedido.

RECUERDA QUE...

— Es muy importante que seas capaz de separar los hechos de la interpretación que haces de los hechos.
— Antes de sacar tus propias conclusiones comparte tu malestar, inquietud o preocupación para cerciorarte de lo ocurrido.
— La mayoría de las veces sufrimos por las interpretaciones que hacemos de los hechos, que nada tienen que ver con la realidad.

PASO 6: IDENTIFICAR AL EGO

Ya sabemos cómo nos sentimos, qué ha ocurrido exactamente y qué interpretaciones hemos hecho para sentirnos de esa manera: «Estoy enfadada porque Adrián ha saludado a todo el equipo menos a mí, y eso me parece una falta de respeto y me ha hecho sentir humillada».

Ahora toca ir un paso más allá. ¿Dónde está el ego en esta ecuación?

En el ejemplo de Adrián, dependiendo del tipo de ego que tengas y de cómo hayas interpretado la situación, puede estar escondido en todos lados. Por ejemplo, tu ego, en su búsqueda de aprobación y validación constante, se ha sentido rechazado, menospreciado o humillado. O quizás, como la opinión ajena es muy importante, te preocupa lo que los demás puedan pensar o lo que el propio Adrián pueda pensar de ti.

Por favor, piénsalo fríamente. Realmente, ¿cómo afecta a tu vida o a tu bienestar que Adrián no te salude? Como puedes ver, es tu ego, que se ha sentido rechazado, quien está provocando tu enfado.

¿De qué forma se manifiesta el ego?

— Identificación: Se ha hecho una crítica sobre algo externo a mí con lo que me identifico.
— Reconocimiento: En su búsqueda y necesidad de reconocimiento, el ego no se ha sentido valorado.
— Miedo y control: El ego ha perdido el control de la situación y tiene miedo a la incertidumbre.
— Juicio: El ego ha juzgado como justo/injusto o como bueno/malo lo que ha sucedido.

— Fracaso: Al equivocarse, el ego siente que ha fracasado.

— Pasado o futuro: El ego está preocupado por el pasado o estresado por el futuro.

— Poder y ambición: El ego está desilusionado o frustrado ante la pérdida de poder o la dificultad para conseguir sus ambiciones.

— Egocentrismo: El ego se está tomando un comentario o un acto como algo personal.

PASO 7: SACAR A NUESTRO SER

Más allá de la indiferencia que podría o tendría que causarte que alguien no te dé dos besos, no te estreche la mano ni te diga «hola», tu ser siempre va a tener una mirada completamente diferente de la situación.

Desde el ser aceptamos las cosas tal y como son, sin juicios, pero también podemos cambiar la forma de interpretar los hechos.

Esta reacción de enfado procede del miedo que tiene el ego a no ser aceptado, visto o valorado por el exterior. Pero ¿qué pensarías de este mismo hecho desde el amor? Conecta con el amor que tienes dentro. Vuelve a tu centro. ¿De qué otra forma podrías haberlo interpretado?

Quizás hubieras valorado un posible despiste de Adrián; quizás, si Adrián realmente tuviera un problema contigo y te evitara, no te lo habrías tomado como algo personal, porque sabrías que el problema lo tiene él y no tú, y que simplemente Adrián vive en su realidad, la cual no es más o menos lícita que la tuya. O tal vez sabrías que Adrián es tu competidor directo y que se ha comportado así porque su ego lo induce a tener miedo de que le lleves la delantera.

El ser nos ayuda a parar, analizar, comprender, empatizar y conectar con la otra persona o con nosotros mismos desde el amor.

¿Cómo identificar al ser? Con estas sencillas preguntas:

— ¿Qué pensarías desde el amor?
— ¿Qué harías desde el amor?
— ¿Qué interpretación o decisión te produce más paz?

RECUERDA QUE...

— El ser es el observador que acepta las cosas tal y como son.
— El ser está libre de juicios.
— El ser interpreta desde el amor.

2

CONSCIENCIA PLENA

Conectar con nuestro ser en los momentos clave es fundamental cuando algo no va bien, sufrimos o estamos incómodos. Pero no hace falta esperar a que ocurra para vivir más conscientes y presentes. Aunque no podamos estar «conectados» 24/7, podemos entrenar la toma de consciencia para que nos sea más fácil cada vez que lo necesitemos.

Antes de compartir algunas formas de conectar con tu ser, me gustaría que antes identificaras aquellos momentos donde sin querer ya lo estabas haciendo. En esos momentos el tiempo se para, no existe nada más que aquello que estás viviendo o presenciando en ese instante. Tu mente está callada y tú simplemente *estás*. No existen los problemas, no existen las preocupaciones, lo único que hay es ese momento. Todo a tu alrededor desaparece.

A mí, por ejemplo, me pasa mirando el cielo. Con un amanecer, o con una puesta de sol, me quedo hipnotizada, emocionada, «en trance». Da igual quién esté a mi lado en ese momento, solo existimos el universo y yo. Es como estar viviendo un momento mágico, la energía es distinta, la emoción es plena, no existe el tiempo.

A veces dura unos minutos o unos simples segundos, pero estoy segura de que has podido experimentar esta sensación en algún momento. ¿En qué situaciones se para el tiempo para ti?

Vamos a ver ahora algunos de los conectores principales y de mayor uso entre todos nosotros.

La meditación y el *mindfulness*

Ya hemos tocado el tema al hablar del presente y el pasado en relación con el ego, pero quiero compartir contigo un poco más de información para que no tengas dudas.

La palabra meditar proviene del latín *meditari*, 'meditar o considerar'. Este verbo deriva de la raíz indoeuropea *med-*, que significa tomar medidas adecuadas y de la cual también deriva el verbo latino *mederi*, 'cuidar, tratar'.

La meditación y el *mindfulness* hacen referencia a la atención plena, y sin duda alguna son una forma maravillosa de cuidarnos. Como hemos podido ver a lo largo del libro, con atención plena me refiero a «estar en el momento presente». Es decir, si ahora mismo estás inmerso en estas líneas sin que ningún otro pensamiento te perturbe o, si lo hace, puedes volver rápido a coger el hilo, estás practicando *mindfulness*. Estás aquí y ahora, con este libro y nada más. Cualquier otra cosa forma parte de tus pensamientos, no es algo real que esté sucediendo ahora.

El *mindfulness* consiste en estar concentrado en aquello que haces, ves, sientes o atiendes en un momento determinado. Y la meditación es la práctica del *mindfulness* para conectar directamente contigo mismo. Puedes practicar *mindfulness* al trabajar, caminar o montar en bicicleta; la meditación normalmente se practica sentado o tumbado y centrando la atención en algo concreto, como puede ser la respiración, un sonido, el cuerpo o la meditación guiada que estés escuchando en ese momento.

Cuando empiezas a meditar quieres abandonar en el minuto uno. La resistencia que aparece es casi inmediata, nos incomoda hacer ese parón. Tu cabeza es un torbellino de pensamientos que no pueden parar: «¿Realmente sirve para algo?», «Me veo ridícula», «Es imposible, esto no es para mí», «¡Se me ha olvidado comprar huevos!», «Esto es una tontería», «Demasiado místico para mí».

Recuerdo mis paranoias la primera vez que intenté meditar: «Mente en blanco, ¿es eso posible? Aquí algo falla... ¿Cómo voy a poner la mente en blanco? Si solo de pensarlo ya estoy obsesionada con que tengo que poner la mente en blanco, entonces no la estoy poniendo en blanco. ¿Tengo que verlo todo blanco? No, porque si no estaría pensando en blanco. ¿Existe realmente este concepto? ¿Cuál es el truco?...». Por supuesto que abandoné más pronto que tarde.

Existen muchas falsas creencias en torno a la meditación que nos hacen abandonar a la primera de cambio. Estas son las más comunes:

Hay que poner la mente en blanco: Para meditar no hay que poner la mente en blanco. Tu atención está puesta en algo; por ejemplo, en tu respiración. Y aun así te pueden venir cientos de pensamientos, y eso también es meditar, y eso también está bien. Al meditar estás practicando cómo controlar esos pensamientos, volviendo tu atención a la respiración cuando eres consciente de que los estás teniendo: «Inspiro, espiro… ¡Tengo que llamar a mi madre antes de que se me olvide! Vale, ya me he ido, vuelvo a mi respiración… Inspiro, espiro… Inspiro, espiro... Debería apuntarme a yoga, Marta dice que es lo más y que se siente mucho más relajada desde que va a clase, aunque no sé si tendré tiempo, ¡estoy trabajando un montón! Vale, me he vuelto a ir de la meditación... Inspiro, espiro…». Esto también es meditar, estás enseñando a tu cerebro a no desviarse demasiado, a que vuelva, a ser consciente del momento, y esto, sin duda, te ayudará en tu día a día cuando tu mente o tu ego se hagan con el control. Por eso explicaba anteriormente que la meditación no va de reducir el estrés o la ansiedad (eso es solo una consecuencia maravillosa que tiene). La meditación nos ayuda a conectar de verdad con nuestro centro y a llevar las riendas de nuestra vida.

Es difícil: La meditación no tiene mucha ciencia. Encuentra un lugar y una postura cómoda, elige el estilo de meditación que quieres seguir y ponte a ello. Puedes empezar con tan solo cinco minutos al día. Y, como has visto, todo lo que ocurra durante la meditación está bien. No puedes meditar mal, así que es imposible que haya algún tipo de dificultad.

Se necesita mucho tiempo: Como decía en el punto anterior, con tan solo cinco minutos al día puedes empezar a notar sus beneficios. Hoy en día tenemos cientos de estudios, que puedes encontrar en un clic, que demuestran el potencial de la meditación para nuestra mente y nuestro cuerpo, y no necesitamos dos horas al día para experimentarlo.

Sirve para desconectar: Podemos decir que sirve para conectar, ya que solemos vivir desconectados de nosotros mismos con nuestro piloto automático particular. La meditación nos ayuda a salir del piloto automático para poder conectar con nuestro verdadero ser.

Es una práctica mística o espiritual: La meditación es para todo el mundo, no se requieren unas creencias o poderes especiales para concentrarse, es una habilidad que poseemos los seres humanos.

Al practicar la meditación y el *mindfulness* en tu día a día, podrás mantener a tu ego a raya durante más tiempo y podrás conectar más con tu verdadero ser.

¿Cómo empezar a meditar?

Tu momento: Reserva un hueco en tu agenda para practicar la meditación. Como te comentaba, puedes empezar con tan solo cinco minutos al día. Nada más despertarte o antes de irte a dormir puede ser un buen momento. Haz de esta práctica un momento importante y prioritario en tu día.

Elige tu estilo: Hay muchas formas de meditar. Puedes centrar tu atención en tu respiración, puedes hacerte un escáner corporal recorriendo mentalmente cada parte de tu cuerpo, puedes centrar tu atención en un objeto (como por ejemplo una vela o una flor), puedes escuchar música relajante, puedes repetir un mantra, puedes ponerte una meditación guiada sobre un tema que te interese y te ayude a conectar con tu ser...

Tu lugar: Elige un lugar tranquilo para meditar libre de distracciones. Si convives con más personas, puedes pedir mayor silencio y cuidado en ese momento. Si tienes tu propio espacio, puedes ambientarlo para disfrutar aún más (velas, incienso, piedras, luz tenue...). Asegúrate de que tu teléfono está en silencio.

Postura: Lo más importante es que te sientas cómodo a la hora de meditar. La postura tradicional de flor de loto (sentados en el suelo con las piernas cruzadas) puede ser incómoda para muchas personas y realmente no es necesaria. Si quieres sentarte en el suelo puedes ayudarte de un cojín. Puedes sentarte en una silla o en el sofá sin problema, pero intenta mantener la espalda recta y los pies bien apoyados en el suelo. Meditar tumbado es otra opción y es muy frecuente al hacer un escáner corporal, pero tienes que tener cuidado de no relajarte demasiado porque es muy fácil quedarse dormido.

Fuera exigencia: Recuerda que no puedes hacerlo mal y que es normal que te vengan doscientos pensamientos en esos cinco minutos. No tengas expectativas y deja que fluyan. El amor y la compasión tienen que ser tus compañeros de vida para vivir de forma plena.

A mí personalmente me gusta centrarme en la respiración porque lo considero un dos en uno. Respirar profunda y conscientemente nos ayuda a calmar nuestra mente, nuestro ritmo cardiaco disminuye, nuestras células se oxigenan, liberamos toxinas, estimulamos nuestro sistema linfático y mejoramos nuestra digestión.

¿Cómo empezar a practicar *mindfulness*?

Te voy a proponer una sola práctica que te resulte sencilla para que no puedas encontrar excusas. Vas a empezar a practicar *mindfulness* en la ducha. Es algo que haces todos los días (o casi todos) en automático, así que es un momento perfecto porque no te va a quitar más tiempo de tu día a día.

El truco está en poner tus cinco sentidos en ese momento.

Vista: ¿Qué ves? ¿Cómo es tu ducha? ¿Cómo es tu cuerpo? ¿Cómo cae el agua por tu piel?

Olfato: ¿A qué huele? ¿Tu jabón tiene aroma? ¿Te gusta?

Gusto: ¿Qué gusto estás teniendo en tu boca? ¿A café? ¿Te ha entrado jabón en la boca? ¿Quizás pasta de dientes?

Oído: ¿Qué puedes escuchar? ¿Cómo suena el agua al caer? ¿Y sobre tu cuerpo?

Tacto: ¿Cómo sientes el agua en tu piel? ¿Qué temperatura tiene? ¿Qué textura tiene la alcachofa? ¿Y la esponja? ¿Y tu pelo?

También te podrán venir un montón de pensamientos mientras pones tu atención en ese momento: recuerda convertirte en su observador, identifícalos y déjalos ir. Vuelve a tu práctica.

La naturaleza

¿Hay algo más puro que la naturaleza? Conectar con la naturaleza parece una necesidad casi innata para la mayoría de nosotros, sobre todo si vivimos en grandes ciudades y no tenemos un acceso directo a ella. Una escapada rural de fin de semana, un paseo por el campo, caminar descalzos por la tierra o el césped, oler las flores, escuchar el mar o el canto de los pájaros, subir una montaña, estar con animales... se convierte en el plan perfecto, más aún cuando nos sentimos sobrepasados, cansados, estresados... Buscamos «desconectar» en la naturaleza, cuando realmente lo que hacemos es conectar de nuevo con nosotros y recargar nuestra energía, como pasa en la meditación. Lo utilizamos como vía de escape cuando en el fondo nos está recargando las pilas. Todo vuelve a la «normalidad» en el momento en que volvemos a nuestro día a día, no hemos hecho nada por cambiar nuestra situación. Por eso tenemos esa sensación de que hemos desconectado, hemos pasado unos minutos, días u horas más tranquilos y en paz, pero luego hay que volver y enfrentarse a la realidad.

Cuando somos uno con la naturaleza, todo se desvanece y nada importa. Regresamos a lo puro, a lo real, a la esencia de la vida.

La naturaleza es sabiduría y eso la convierte en una gran maestra. Nos enseña a parar, contemplar, respetar, escuchar, tener paciencia. Todo tiene su tiempo y su lugar. La naturaleza nos enseña aceptación, adaptación, modestia, belleza, resiliencia, descanso, generosidad, diversidad, cambio, armonía y flexibilidad. En la naturaleza no hay egos, no hay prisas, no hay estrés. No tienes que demostrar nada a nadie, eres perfecto tal y como eres.

Nosotros somos naturaleza, pero se nos ha olvidado. Conectar con ella es conectar con nuestras raíces, nuestra esencia, nuestro verdadero ser.

Vamos a ver algunos ejemplos de cómo conectar con la naturaleza:

Un paseo por el parque más cercano: Concéntrate con todos tus sentidos en los árboles, las plantas, los pájaros. Qué ves, qué oyes, qué hueles, qué sientes en tu piel. Practica *mindfulness* mientras estás en contacto con la naturaleza.

Una escapada a la playa o a la montaña: Escápate un fin de semana de los ruidos, las prisas y la tecnología. Puedes elegir una casa rural cercana a tu ciudad, o reservar un hotel de playa donde sepas que no habrá mucha gente.

Pasar el día en un bosque: Donde puedes meditar, hacer un pícnic, o simplemente pasear contemplando todo lo que hay a tu alrededor.

Meditar con una planta: Puedes elegir una planta, un árbol o una flor. Siéntate en un sitio cómodo y simplemente observa en silencio cada parte, cada centímetro de aquello que hayas elegido: sus hojas o flores perfectas, su olor, su textura… Ese ser vivo ha crecido sin esfuerzo ni exigencia, respetando sus tiempos y fluyendo.

La creatividad

Todas las personas tenemos la capacidad de ser creativas, pero a algunos adultos se nos ha olvidado. Cuando somos niños somos fuentes ilimitadas de creatividad, podemos jugar y entretenernos con cualquier cosa, podemos inventar nuevos mundos, crear auténticos imperios con un poco de arena o buscar cientos de utilidades a un palo.

La creatividad nos ayuda a conectar con nuestro niño interior y hace que nuestra mente pare. Hace que nos concentremos de tal manera que nada más existe. Nos quedamos absortos en la tarea y el mundo se detiene.

Por ejemplo, todos hemos dibujado siendo niños. Era algo que nos salía casi instintivamente si veíamos unas pinturas y un papel (o el suelo, un mueble, una pared). Dibujábamos sin pensar, sin planificar, sin exigirnos hacer un dibujo bonito o bueno, simplemente fluíamos.

Desarrollar una práctica creativa implica practicar *mindfulness*. Atención plena en aquello que estás haciendo. Es una forma de acallar nuestros pensamientos haciendo algo inspirador, que sale de lo más profundo de nuestro ser.

La creatividad nace del ser, así que debe estar libre de exigencia. Si te sorprendes «practicando» tu creatividad y tienes un diálogo interior que está juzgando lo que haces, para. Tu ego ha asumido el control.

Formas de practicar la creatividad:

Dibujar: Elige las herramientas que más te llamen la atención. Puede ser una simple hoja de papel y un lápiz o un lienzo gigante con pinceles y acuarelas. Estás haciendo esto para ti, no para exponerlo en la galería de arte más sofisticada de tu ciudad, así que dibuja sin pensar, sin planear, sin esperar un resultado. Déjate llevar.

Tocar un instrumento: Puede que de niño tocaras la guitarra y te llame la atención volver a intentarlo o quizás probar un instrumento nuevo. O puede que nunca lo hayas hecho porque pensaste que eso no era para ti. Si tienes algún instrumento en casa, entra en contacto con él. También puedes crearlo tú mismo, como unas maracas o un tambor. Quizás algún amigo o familiar que tenga uno abandonado pueda prestártelo si realmente te llama la atención.

Escribir: Es tremendamente terapéutico, yo siempre recomiendo a mis clientes que tengan su propio diario o cuaderno para conectar con ellos mismos. Nos puede ayudar muchísimo a mantener nuestro ego a raya y a sacar a nuestro verdadero ser. Pero para conectar con tu creatividad, no necesitas escribir un diario emocional, quizás te apetezca más escribir una historia inventada o escribir de forma libre lo primero que se te pase por la cabeza.

Manualidades: Hacer manualidades tiene múltiples beneficios más allá de conectar con tu ser: te ayuda a reducir el estrés, te aporta mayor agilidad mental, satisfacción ante tus creaciones y es una maravillosa forma de expresión. Puedes utilizar cerámica, plastilina, bisutería o cualquier material que te llame la atención. Las opciones son infinitas.

Cocinar: Nunca me ha gustado cocinar, pero siempre me ha encantado disfrutar de la comida. Quizás por eso lo veo como un arte, ya que las posibilidades son ilimitadas y las sensaciones pueden ser explosivas. Tal vez seguir una receta al pie de la letra no implique mucha creatividad, pero puedes probar a cambiar ingredientes, mezclar, crear tu propia receta, innovar... Conecta con ese momento, el resultado es lo de menos.

Fotografía: Sal a la calle y haz fotos sin planificar. Cada fotografía es única, tiene su propio mensaje y su propia historia. Es memoria, sensación, emoción y autoconocimiento. No pienses demasiado y dispara.

LA ACTIVIDAD

Hay determinadas actividades, como los deportes de riesgo, que exigen un nivel de concentración tal que es prácticamente imposible poner atención a otra cosa. La famosa hormona y neurotransmisor, la adrenalina, toma el control y hace que se convierta en un entrenamiento mental potentísimo, ya que cualquier distracción pone en juego tu salud, incluso tu vida. Con esto no te estoy diciendo que empieces a practicar deportes de riesgo, yo personalmente no tengo intención ni de intentarlo, pero es un buen ejemplo de cómo nuestra mente es capaz de evadirse completamente y centrarse en una sola actividad.

A Beli le gusta mucho el *kitesurf*, no lo practica apenas por falta de tiempo y porque vivimos en Madrid, pero siempre le apetece. El verano pasado fue un par de veces y yo no paraba de insistirle en que probara un deporte más fácil o menos aparatoso, pero él lo tenía muy claro, era lo que él quería hacer, así que quise entender qué era lo que le gustaba tanto. Me dijo que era un deporte que le exigía tanta concentración que hacía que no existiera nada más alrededor.

Por supuesto que esto es algo que puede ocurrirnos con cualquier deporte o actividad, aunque es más fácil que tus pensamientos te invadan corriendo o haciendo *yoga*, que escalando una montaña.

Cuando no tengo ganas de meditar (porque no siempre me apetece), traslado esa concentración a mi práctica de yoga, que intento hacer al menos diez minutos al día. Así que también me lo tomo como un dos en uno, ejercicio y *mindfulness*. Hay días donde mi cabeza está llena de pensamientos y, con suerte, solo he conseguido un minuto de atención plena a la práctica y a mi cuerpo. Hay otros en que no me queda otra que hacerlo con mi hija, que cuando leas estas líneas tendrá dos añitos, por lo que el reto es hacer las posturas sin que se me suba a la cabeza. Pero las veces en que consigo reducir mis pensamientos son diez minutos de gloria.

Puedes elegir cualquier actividad o ejercicio que realices en tu día a día para entrenar a tu mente parlanchina y empezar a conectar contigo. Si sueles practicar algún deporte de cierto riesgo sabrás perfectamente de lo que te hablo. Y quizás si eres un *runner* puedas identificar esos momentos de conexión con el aquí y el ahora que surgen cuando corres.

Sin duda son momentos mágicos donde el ego no tiene cabida. Al ser plenamente consciente lo único que importa es lo que estás experimentando en ese momento. No existe la opinión de los demás, no existe el afán de logro o de éxito, no hay juicios ni opiniones… Eres tú viviendo de verdad.

Los beneficios del ejercicio físico para la salud son innumerables: libera dopamina y serotonina, que mejoran nuestro estado de ánimo y reducen el estrés; nos ayuda a conciliar el sueño con mayor facilidad; aumenta el oxígeno y la circulación sanguínea, beneficiosos para nuestro cerebro; fortalece nuestras vías neuronales; previene y ralentiza el deterioro cognitivo; aumenta la memoria… Así que no solo nos ayuda a conectar con el momento presente o a tener una figura más tonificada.

Hacer ejercicio es vida.

¿Necesitas algo más para animarte a mover tu cuerpo?

EL NIÑO INTERIOR

Todos tenemos un niño interior que forma parte de nosotros, por mucho que lo tengamos escondido y lleve años sin aparecer. Cuando nacemos, lo hacemos sin ego, con toda la pureza que nuestro ser implica. Según vamos creciendo, las circunstancias y condicionamientos de la vida hacen que nuestro ego se vaya formando, hasta que nuestro niño interior casi desaparece.

En nuestra infancia todos sufrimos momentos dolorosos o traumáticos en mayor o menor medida, y eso hace que nos vayamos poniendo capas y capas para evitar sufrir en el futuro, escondidos tras una coraza donde casi nadie puede hacernos daño. Somos como una cebolla: nuestro niño interior, sensible y vulnerable, está en su centro, protegido por un montón de capas que son mecanismos de defensa para no sufrir. Tenemos mucho miedo a sufrir.

¿Y qué necesita nuestro niño interior? Necesita ser visto, escuchado, atendido; necesita amor, empatía y compasión, y a veces parece que le damos todo lo contrario. Nos tratamos con dureza, con exigencia o incluso con odio, y acabamos abandonándolo por completo.

Quiero preguntarte una cosa: ¿Eres de esas personas que necesitan estar constantemente haciendo algo? ¿Te cuesta estar solo? ¿Te aterra un fin de semana sin planes? ¿Qué sentimiento te invade cuando estás contigo mismo? Bueno, contigo mismo y con tu ego, que puede hundirte en cuestión de segundos. En el silencio y en la quietud hay mucha información, así que tratamos de evitarlos haciendo planes, viendo la televisión, entreteniéndonos con las redes sociales… Así dejamos de escuchar lo que hay dentro de nosotros.

Conectar con nuestro niño interior significa conectar con nuestro ser. Te invito a que eches un vistazo a *Love*, del artista ucraniano Alexander Milov. Estuvo expuesta en el famoso festival Burning Man de 2015 y no dejó indiferente a nadie. La escultura muestra a dos figuras colocadas espalda contra espalda, hechas con alambres, y a sus niños interiores intentando alcanzarse. Me parece una imagen perfecta para visualizar a nuestro ego y a nuestro niño interior juntos y lo que cada uno representa.

Cómo conectar con nuestro niño interior:

Elige centrarte en tu niño interior en una de tus meditaciones: En vez de colocar tu atención en la respiración o escuchando una meditación guiada, conecta con tu infancia.

Recuerda cómo eras cuando tenías cinco años: cuál era tu aspecto, dónde vivías, con quién pasabas el tiempo, cuáles eran tus juegos favoritos, qué muebles tenía tu habitación... Piensa en todos aquellos detalles que puedas recordar.

Cuando veas a tu niño interior, sonríele con compasión. Puedes apoyarte en alguna fotografía si no consigues recordar demasiado. Tu niño necesita mucha atención, amor y compasión, ha sufrido mucho.

Ahora, visualmente entra en la habitación donde está tu niño interior. Habla con él: ¿Cómo se siente? ¿Qué necesita? Probablemente quiera jugar y pasar tiempo contigo. Pon toda tu atención en escucharlo, en cómo ha estado todos estos años, en qué le ha faltado de ti. Una vez hayas terminado, abrázalo fuerte y pídele perdón por no haberle dedicado el tiempo que necesitaba, y prométele que jugarás con él más a menudo.

Probablemente tu niño interior es un niño herido. Cuando somos pequeños somos muy vulnerables y un simple comentario nos puede partir el corazón. No hace falta sufrir grandes traumas para sentir dolor. La pureza de nuestro niño se desequilibra con facilidad ante el mundo en que vivimos. Le encantará que le empecemos a prestar atención y a cuidar desde el amor.

Juega a tu juego favorito: ¿Cuál era tu juego favorito cuando eras niño? Vuelve a jugar a él. Reserva un hueco en tu agenda y llévate a tu niño interior, jugad juntos, comentad, reíros, divertíos. Recuerda lo feliz que te hacía algo tan simple como un juego, cuando no necesitabas nada más.

Actualmente casi todo lo que hacemos es un medio para conseguir un fin, sin embargo, cuando jugamos, lo hacemos por el simple hecho de divertirnos o sentir placer, sin esperar obtener algo a cambio.

Mi padre lleva más de cincuenta años quedando todos los años con sus amigos de la infancia el mismo día, en el mismo lugar, a la misma hora, para jugar al mismo juego.

Pasa tiempo con niños: Si tienes la suerte de tener hijos, sobrinos, nietos o hijos de amigos cercanos, intenta invertir más tiempo con ellos. Observa cómo piensan, cómo sienten, cómo juegan, pero, sobre todo, cómo ven y viven la vida.

Los niños son sin duda nuestros mejores maestros de vida. Nos pasamos la vida amoldándolos a ciertos estándares cuando ellos ya representan la pureza más completa. Su conexión con el ser es casi permanente hasta que empiezan a formar su ego condicionados por los adultos.

Los niños nos enseñan a no tener miedo, a caer y levantarnos (porque equivocarse es parte del aprendizaje), a ser honestos y naturales, a expresar nuestras emociones, a apreciar cada detalle, a ver el mundo con fascinación, a ser auténticos, a vivir con ilusión, a ser positivos, y a vivir y disfrutar del aquí y el ahora.

Escribe una carta a tu niño interior: No lo pienses demasiado, da rienda suelta a tu imaginación, escribe lo primero que te venga a la cabeza y quieras decirle a tu niño interior. Pregúntale lo que quieras y cuéntale cómo te sientes y todo lo que consideres necesario.

Puedes pedirle perdón por no haberle hecho demasiado caso, por no jugar lo suficiente y no haberlo abrazado cuando más lo necesitaba. Quizás por no haberlo escuchado y por el daño que pudiste hacerle.

Puedes darle las gracias por haber estado siempre a tu lado, por entender que no siempre has podido estar ahí para él y por no dejarte nunca de lado.

Puedes preguntarle cómo está y si necesita algo de ti, ya sabes que será sincero contigo. Recuérdale que no ha de tener miedo, que estás aquí para protegerle y que todo el daño experimentado en el pasado no existe en el presente.

También puedes crear un pacto para conectar más a menudo, para jugar más, para abrazaros. Puedes comprometerte a disfrutar de la vida, del momento presente, con él, sin miedo. Recuérdale que no necesitáis a nadie más que os proteja, porque tú ya eres adulto y válido tal y como eres.

Escríbele siempre que creas que estás desconectando, siempre te dará buenas respuestas.

PARTE V

EL CAMINO
DE VUELTA

Cuaderno práctico
para vivir plenamente

Hemos llegado al final y ahora toca poner en práctica todo lo aprendido. Tu ego lleva siendo tu compañero toda la vida y lo seguirá siendo, así que vamos a aceptarlo con amor y compasión, recuerda que solo quiere protegerte.

No podemos vivir desde la consciencia plena veinticuatro horas al día, nuestro ego aparecerá por tanto muy a menudo, pero no será un problema si no nos hace daño, incluso podrá echarnos una mano en muchas ocasiones. Recuerda que el ego no es el enemigo.

La finalidad es vivir conectados con nosotros mismos siempre que podamos, pero sobre todo cuando más lo necesitamos. Y eso es cuando sufrimos.

Para hacer la práctica, te recomiendo que te adueñes de un diario o de un cuaderno destinado solo para esto. Elige uno que te guste, que sea cómodo para escribir y te ayude a sentirte conectado. La escritura es una herramienta tremendamente poderosa, nos ayuda a ver las cosas con mayor claridad y enfoque para poder conectar con nosotros mismos y ver diferentes perspectivas.

Te recomiendo hacer este ejercicio cada vez que experimentes una emoción desagradable en tu día a día. Para reeducar tu mente vas a tener que practicar mucho, ya que estás acostumbrado a dejarte llevar. Son muchos años pensando de la misma manera y actuando siempre en automático.

Según vayas practicando el ejercicio que te propongo, te darás cuenta de que cada vez lo harás más rápido y te resultará más fácil. Llegará un punto en que realizarás mentalmente la transformación sin necesidad de escribirla, hasta que por fin dejes de necesitar hacerla (en gran parte de las ocasiones) porque has conseguido reprogramar tu mente.

Por ejemplo, y como ya te he contado, una de las características más predominantes del ego es tomarse las cosas como algo personal. Esto puede producir rabia, tristeza, inseguridad, ansiedad, miedo…

Con este ejercicio empezarás a tomar consciencia escribiendo cada situación donde te hayas sentido ofendido o juzgado, para reflexionar sobre lo que ha sucedido en realidad y sobre cómo te hubiera gustado sentirte al respecto.

Según vayas practicando y creando consciencia con los siguientes pasos, llegará un punto en que podrás detectar que te estás tomando algo de manera personal en el mismo momento en que está sucediendo y podrás transformarlo mentalmente. Finalmente, después de practicar con constancia, dejarás de tomarte las cosas como algo personal y no necesitarás hacer este ejercicio. La práctica hará que reprogrames tu mente para siempre.

A continuación, comparto contigo los pasos a seguir con diferentes ejemplos para que puedas ponerte en marcha hoy mismo:

PASO 1: SISTEMA DE ALERTA (EMOCIÓN O CUERPO)

Los sistemas de alerta que nos avisarán de que tenemos que hacer este ejercicio serán nuestras emociones y nuestro cuerpo.

Cada vez que sientas que una emoción desagradable te invade, o que una nueva dolencia ha aparecido en tu cuerpo sin explicación, haz un parón y ponte manos a la obra con este ejercicio. Tanto tus emociones como tu cuerpo te están avisando de que algo dentro de ti no está bien. Para identificarlas, contesta a las siguientes preguntas. Te daré opciones de respuesta y pondré varios ejemplos para ayudarte en tu búsqueda cuando sea necesario.

¿Cómo me estoy sintiendo?

Aburrido, Amargado, Asustado, Culpable, Deprimido, Triste, Herido, Incómodo, Nervioso, Solo, Orgulloso, Agobiado, Angustiado, Avergonzado, Débil, Desconfiado, Enfadado, Impotente, Inferior, Perezoso, Resentido, Cansado, Arrepentido, Celoso, Decepcionado, Desilusionado, Frustrado, Incapaz, Inseguro, Preocupado, Susceptible, Melancólico, Envidioso, Estresado, Perezoso.

¿Qué le pasa a mi cuerpo?

Cansancio excesivo, Dolor de espalda o de cuello, Problemas gastrointestinales, Dolores de cabeza, Dolores musculares o articulares, Dificultad respiratoria, Mareos.

Ejemplo 1: Me siento enfadada y triste.

Ejemplo 2: Siento mucha ansiedad y frustración.

Ejemplo 3: Tengo dolores de espalda y contracturas constantes por el estrés.

PASO 2: HECHOS OBJETIVOS

Las emociones desagradables o esas dolencias que aparecen «de la nada» tienen una explicación. Algo ha pasado para que estés sintiendo ese malestar. Es importante que seas cien por cien objetivo con lo que ha pasado realmente e identifiques los hechos concretos. Sin juicios ni interpretaciones. Para conseguirlo piensa que nadie más sobre la faz de la Tierra podría haber dicho una cosa diferente.

¿Cuáles han sido los hechos concretos que me han producido esta emoción?

Ejemplo 1: El chico al que estoy conociendo lleva sin escribirme cinco días.

Ejemplo 2: Mi jefe me ha dicho que siempre tiene que corregir algo de mis informes y que a ver si espabilo.

Ejemplo 3: Estoy trabajando tres horas más al día de lo que me corresponde y no duermo tranquila por las noches.

PASO 3: JUICIOS E INTERPRETACIONES

Has interpretado o juzgado ciertos hechos concretos. No son ellos los que te generan sufrimiento, si no cómo los has interpretado. En la mayoría de los casos tu ego va a estar detrás y es importante identificarlo. No sufrimos por lo que pasa, sino por cómo interpretamos lo que pasa.

¿Cómo has interpretado los hechos?

Ejemplo 1: No le gusto lo suficiente, pasa de mí, no es capaz de invertir ni diez segundos en mandarme un mensaje, ¿he hecho algo mal?, no tendría que haberle contado ese detalle, seguro que ya le gusta otra, todo me sale mal...

Ejemplo 2: No soy lo suficientemente buena, soy una inútil, siempre me equivoco en algo, me van a echar, no voy a llegar a nada en la vida, mi jefe me odia...

Ejemplo 3: Tengo que entregar los informes perfectos y no me da tiempo, si no soy exigente no van a reconocer mi valor, quiero que mi jefe vea lo buena trabajadora que soy, tengo que destacar frente a mis compañeros para ascender, siempre puedo hacerlo mejor, si me equivoco pensarán que no estoy a la altura...

PASO 4: EL EGO

Detrás de nuestras interpretaciones, que son automáticas la mayoría de las veces, suele estar nuestro ego, así que toca identificarlo.

¿Dónde está mi ego detrás de esta interpretación?

— Me he identificado con algo externo a mí.
— Me he sentido rechazado o desvalorizado.
— Estoy pensando o actuando desde el miedo.
— Estoy juzgando.
— Me estoy identificando con lo que hago o con lo que tengo.
— Tengo dos voces dentro de mí.
— Estoy pensando en el pasado o el futuro.
— El poder y la ambición han entrado en juego.

— Estoy siendo egocéntrico y me estoy tomando las cosas como algo personal.

Ejemplo 1: Al no escribirme en cinco días…
— Me he sentido rechazada o desvalorizada.
— Estoy pensando desde el miedo a perderle o no gustarle.
— Estoy juzgando lo que ha pasado.
— Estoy siendo egocéntrica al pensar que es algo que tiene que ver conmigo.

Ejemplo 2: Al recibir ese comentario de mi jefe…
— Me he sentido desvalorizada.
— Estoy pensando desde el miedo a no gustar, a perder un trabajo, a no ser suficiente.
— Me estoy identificando con lo que hago, un informe o un trabajo.
— Me estoy tomando el comentario de mi jefe como algo personal.

Ejemplo 3: Al estresarme y quedarme más horas trabajando…
— Me he identificado con mi trabajo.
— Actúo desde el miedo a no dar la talla.
— Me he identificado con mis tareas.
— Estoy pensando en el futuro (ascender, qué dirán…).

PASO 5: CONEXIÓN EMOCIONAL

Una vez identificado el ego, hemos creado consciencia de lo que realmente está pasando en nuestra mente. Tú no has elegido conscientemente interpretar las cosas de esa manera. Ha sido tu ego quien lo ha interpretado así. Toca coger las riendas y hacernos cargo de nuestras emociones y de nuestro bienestar desde la consciencia:

¿Cómo me hubiera gustado sentirme ante este hecho?

Tranquilo, Seguro, En paz, Indiferente.

Ejemplo 1: Me gustaría sentirme tranquila aunque no me haya escrito en cinco días.

Ejemplo 2: Me gustaría sentir indiferencia ante los juicios de mi jefe.

Ejemplo 3: Me gustaría sentirme relajada en mi trabajo.

PASO 6: TU SER

El último paso es conectar con tu ser. En este punto me gusta señalar dos opciones: tener una conexión plena con tu verdadero ser o tener un juicio consciente.

Conexión plena: Se da cuando conectas con lo más profundo de ti, con el observador y oyente de lo que pasa a tu alrededor y dentro de ti. El ser es consciencia plena, es aceptación, es pureza, es bondad, es amor incondicional. Todo lo que sucede es perfecto tal y como es, no hay juicios ni dolor, porque no hay identificación con aquello que no ES. Por ejemplo: Para el ser «todo es perfecto tal y como es». Soy consciente de que esta parte puede parecer demasiado zen y más complicada de conseguir en el día a día, así que nos centraremos en los juicios conscientes.

Juicio consciente: En este caso vamos a interpretar los hechos desde el amor, la compasión y la paz interior. Desde la consciencia. Al final, las interpretaciones, aunque sean desde el amor, no dejan de ser juicios, pero sin miedo.

¿Cómo tendría que interpretar los hechos desde el amor?

Ejemplo 1: El chico al que estoy conociendo lleva sin escribirme cinco días.

— Mi valor no depende del mensaje o de la atención que me dé otra persona.

— Es una persona que realmente no conozco y me estoy alimentando de las expectativas que me he creado sobre ella o sobre una posible relación que no son reales. Solo están en mis pensamientos.

— Antes de pensar en si le gusto o no le gusto, tendré que darme cuenta de si me gusta a mí. De ser así, no quiero compartir mi vida con una persona que no comparte el interés o la forma que a mí me gustaría a la hora de tener una relación.

— Realmente no sé qué ha podido pasar, no todo gira en torno a mí. Que no me haya escrito en cinco días no quiere decir que tenga algo que ver conmigo. Quizás está estresado, tiene días malos, le ha pasado algo a él o a un ser querido, no necesita tanto contacto o comunicación como yo...

— Si realmente no me ha escrito porque no tiene interés, agradezco darme cuenta antes de formalizar la relación o de que creciera mi afecto.

— Que no le guste no quiere decir que no pueda gustar o que valga menos, no podemos gustar a todo el mundo. Así que no tiene sentido que afecte a mi autoestima o a la visión que tengo de mí misma.

— Todo pasa por algo, me gustaría compartir mi vida con alguien alineado con mis valores y proyectos de vida.

Ejemplo 2: Mi jefe me ha dicho que siempre tiene que corregir algo de mis informes y que a ver si espabilo.
— Mi jefe hace una crítica a prácticamente todos los informes que recibe, da igual de quién procedan.
— No he nacido sabiendo, estoy aprendiendo y me equivoco como nos equivocamos todos cuando hacemos algo nuevo.
— Equivocarme no es un fracaso y tampoco me define. Gracias a los errores aprendo a hacer las cosas mejor.
— Mi jefe es una persona tóxica, se queja constantemente, critica con bastante frecuencia el trabajo del equipo y a nosotros como personas o trabajadores. El problema es suyo, no mío. No está bien consigo mismo y transmite toxicidad. Uno solo puede dar lo que tiene dentro.
— Crearé consciencia para no tomarme sus juicios como algo personal, ya que no es algo contra mí, sino contra casi cualquier persona que se cruce en su camino.
— Mi valor no depende de lo que hago. Hago las cosas lo mejor que puedo según mis recursos y conocimientos y me tengo que sentir orgullosa por ello.

Ejemplo 3: Estoy trabajando tres horas más al día de lo que me corresponde y no duermo tranquila por las noches.

— Mi trabajo y mis tareas no me definen y tampoco determinan mi valor.

— No tengo que pretender hacer las cosas perfectas porque siempre me exigiré más y me causará frustración.

— Mi paz interior y mi salud física y emocional son mucho más importantes que mi trabajo.

— No tengo que demostrar nada a nadie ni compararme con mis compañeros, haré las cosas lo mejor que pueda sin descuidar mi bienestar.

— Estoy en continuo aprendizaje y me puedo equivocar sin que pase nada grave.

— Mi exigencia no me ha traído nada bueno hasta ahora y tengo que trabajarla.

PASO 7: ACTUAR

Por último, podemos actuar si creemos que la situación puede mejorar haciéndonos responsables de lo que está en nuestra mano hacer. Actuar depende de ti y de tus necesidades, no es un requisito indispensable.

¿Qué está en mi mano hacer para sentirme en paz?

Ejemplo 1: Voy a escribirle para quedar a tomar un café, compartir cómo me he sentido y poder conocer su punto de vista. Voy a aclarar la situación.

Ejemplo 2: Voy a buscar otro trabajo donde haya un ambiente más sano para no tener que estar en alerta constante, y, mientras tanto, trabajaré en que no me afecte la actitud de mi jefe.

Ejemplo 3: Me comprometo a trabajar en mí misma para dejar de ser exigente y perfeccionista y así vivir en paz. Asimismo, trabajaré en mí para dejar de identificarme con cosas externas y creer automáticamente que mi valor depende de lo que haga y de lo que consiga. Haré las cosas lo mejor que pueda sin descuidar mi vida y mi bienestar.

EPÍLOGO

Ahora te toca a ti. Llevas casi toda tu vida viviendo en piloto automático, condicionado por todas las creencias y juicios heredados sobre cómo es la vida y cómo eres tú. Tu ego se ha ido construyendo sin que te hayas dado cuenta y ha llevado el timón todos estos años.

Tu ego lo ha hecho lo mejor que ha podido, ha intentado protegerte, crear una identidad para que te desenvuelvas en el mundo de la mejor manera posible gracias a la información que ha ido recibiendo de fuera, pero también te ha causado muchísimo sufrimiento y desconexión.

Naciste como un ser puro y libre, que poco a poco se ha ido perdiendo a sí mismo por la influencia del lugar en el que naciste y de las personas que te rodean. Tu ego se ha ido nutriendo del exterior y has olvidado la capacidad de mirar en tu interior.

Es importante que tengas clara la dualidad entre tu ego y tu verdadero ser para dejar de identificarte con cosas externas a ti, recuperar tu consciencia y, con ella, tu paz interior.

Pero ¿cómo podemos ser conscientes de esta dualidad? ¿Cuándo es mi ego el que está presente?

Podemos decir que tu ego está presente siempre, porque forma parte de ti, pero puedes dejar de vivir desde la inconsciencia y conectar con tu ser más a menudo, sobre todo cuando estás sufriendo, para hacerte cargo de tu paz interior.

Cada vez que sientas que una emoción desagradable se apodera de ti, ten en cuenta dónde se esconde tu ego para no dejarte dominar por él:

1. *En la identificación con cosas externas a ti*: cultura, sociedad, familia, religión, ideología, creencias, pensamientos, experiencias, rasgos o etiquetas, emociones, grupos... El ego cree que todo esto forma parte de ti, de quien eres. Por eso nos ofendemos, nos enfadamos o luchamos por tener razón cuando alguien nos «ataca» o no está de acuerdo con todos nuestros constructos mentales, porque el ego se lo toma como algo personal, como si fuera un ataque hacia ti mismo.

Tu ser no se identifica con nada, ya que es el observador de todos los pensamientos, emociones y experiencias que vives en tu día a día. No se deja llevar por ellos, no los juzga, simplemente los observa como lo que son.

2. *En la búsqueda de reconocimiento*: Con el fin de ser aceptado y validado por los demás, el ego está en una búsqueda de reconocimiento ajeno constante. Esto hace que sienta mucho dolor cuando es rechazado, desvalorizado, apartado o humillado. La valía que el ego te da depende de la opinión de los demás.

Tu ser no necesita reconocimiento, ni siquiera de ti mismo. Vive desde la aceptación más absoluta, libre de juicios. Tu ser sabe que todo y que todos son perfectos tal y como son, y que lo que juzguen otros egos no tiene nada que ver consigo.

3. *En el miedo*: El ego vive desde el miedo. Se ha creado una identidad donde la incertidumbre no es bienvenida, necesita tenerlo todo controlado para no tambalearse. Le ha llevado mucho tiempo crear una zona de confort y no está dispuesto a renunciar a ella, por eso muestra tanta rigidez ante cualquier cambio o imprevisto. Los pensamientos, acciones y decisiones son tomados desde el miedo.

Tu ser vive desde el amor. No hay nada que temer porque todo es perfecto tal y como es. No tiene miedo a perder su identidad, porque la construcción de una identidad es solo tarea del ego. Tu ser es libre y fluye.

4. *En los juicios*: Los juicios son las opiniones que se ha ido formando el ego de cómo son o deberían ser las cosas. Son las gafas con las que vemos el mundo y a las personas. Estos juicios se han ido creando desde las opiniones y educación de nuestros padres, de los que hemos recibido el mayor condicionamiento e influencia, hasta todo lo que nos rodea a día de hoy. Juzgamos qué está bien, qué está mal, qué es mejor, qué es peor... Los juicios de valor son los favoritos del ego.

El ser no juzga. Sabe que la realidad del ego no es la realidad, sino una construcción mental totalmente condicionada. Sabe que ninguna realidad es mejor o peor que otra, sino simples interpretaciones heredadas de todo lo externo que nos rodea.

5. *En el hacer y el tener*: El ego se identifica con aquello que haces y con aquello que tienes. Cuanto más o mejor haces algo que juzga como importante, cuantas más cosas consigues, más valor te da.

El ser sabe que simplemente ES. Tú eres un ser que hace o tiene cosas. Lo que haces no te define y mucho menos lo que tienes. Si dejas de hacer o de tener, en ningún momento dejas de ser.

6. *En el pasado y en el futuro*: El ego vive en el pasado y en el futuro, no es capaz de estar presente. Se alimenta de las experiencias pasadas y de posibles escenarios futuros. Nada de esto es real. El pasado y el futuro no SON porque no existen, son simples pensamientos.

El ser vive en el momento presente, en lo único que existe, en lo único que es real y en lo único que ES. Solo puedes vivir en este momento.

7. *En el egocentrismo*: El ego se cree el centro del universo, todo gira en torno a él. Esto hace que te tomes todo como algo personal, como si todo tuviera que ver contigo, como si el universo y las personas estuvieran centradas en ti. Incluso aunque tu ego se haya formado una identidad o concepción muy pobre de ti, sigue siendo egocéntrico y se toma cada comentario, acción o acontecimiento como algo personal.

El ser sabe que forma parte de un todo inseparable de los demás, es parte de algo completo. Sabe que nunca nada es personal y que lo que pase o lo que hagan otras personas tiene que ver con sus egos.

En definitiva, detrás del ego están el miedo al rechazo, tus juicios de valor, tus expectativas, tu exigencia y tu diálogo interior, que te generan tanto dolor. Detrás de tu ser están el amor incondicional, la compasión, la consciencia, la presencia, la libertad y la plena conexión con tu paz interior.

Reconecta con tu ser a través de la consciencia, identificando cuándo es tu ego quien está tomando el control y observándolo desde el amor, para ser libre al tomar tus propias decisiones y hacerte cargo de tu vida y de tu felicidad. Para volver a SER.

Al poner en práctica lo aprendido en este libro experimentarás grandes cambios en tu vida, pero sobre todo en ti mismo. Dejarás de echar balones fuera, pasarás de ser una víctima al responsable de tu bienestar.

Es muy bonito ir viendo de lo que eres capaz y cómo puedes transformar todo aquello que antes te hacía daño y creías que no dependía de ti.

Siempre digo que el desarrollo personal es un trabajo de por vida y me parece maravilloso que así sea. Cada día es un regalo y una oportunidad única e irrepetible para seguir aprendiendo y creciendo.

Tendremos momentos mágicos y otros serán difíciles y duros, no todo será un camino cuesta arriba o cuesta abajo, no siempre podremos con todo y no siempre seremos nuestra mejor versión.

A pesar de poder por fin reconocer al ego, habrá momentos en que lo necesitemos más o nos dejemos llevar por él, pero no pasa nada. Somos humanos y perfectamente imperfectos. Somos seres espirituales viviendo una experiencia terrenal, así que recupera tu poder y disfruta del camino.

Agradecimientos

A Beli, por creer y confiar ciegamente en mí y apoyarme en todos mis proyectos. Por animarme a cumplir mis sueños y desterrar todos mis miedos.

A mis padres y a mi hermana, por ser mis primeros maestros de vida, donde mi ego ha crecido querido, resguardado y confiado en conseguir todo aquello que se proponga.

A mis clientes y a mi comunidad, por su generosidad al compartir conmigo sus pensamientos, emociones y experiencias, enseñándome más que cualquier manual y ayudándome a construir este libro. Sin vosotros esto no sería posible.

A mi editora Olga, por aparecer en el momento perfecto y apostar por mí para escribir sobre mi tema favorito (sin que ella supiera que era mi tema favorito). Gracias por confirmarme que el poder de la atracción es real y muy potente.

A ti, lector, por tu curiosidad al comprar este libro para conocerte mejor y crear un mundo más consciente, amable y bonito.

MARÍA DE MONDO

Me gradué en Derecho y Administración de Empresas, empezando mi carrera en el mundo de las finanzas, pero reconozco que me parecieron un horror. Entré en una crisis existencial donde me replanteé toda mi vida y decidí reinventarme, formándome en *coaching* ontológico, psicología y *mindfulness*.

Actualmente acompaño a personas en su crecimiento personal para que se sientan más satisfechas y completas, y así poder vivir en paz. Además, doy charlas, imparto formaciones y divulgo contenido sobre salud mental y bienestar.

El resto del tiempo lo invierto en mis dos grandes maestras de vida, mis hijas.

 @mariademondo

Printed in the USA
CPSIA information can be obtained
at www.ICGtesting.com
JSHW020107071223
53177JS00001B/5

9 788491 397731